掌尚文化

Culture is Future

尚文化·掌天下

本书得到云南财经大学金融学国家级
一流专业建设经费全额资助出版

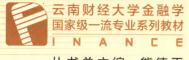

云南财经大学金融学
国家级一流专业系列教材

丛书总主编　熊德平

# 金融学习题集

## Study Guide for the Economics of Money and Finance

马彧菲　张　伟　梁隆斌　主　编

樊永勤　吴丽娟　王　蓬　副主编

经济管理出版社

ECONOMY & MANAGEMENT PUBLISHING HOUSE

**图书在版编目（CIP）数据**

金融学习题集 ／ 马彧菲，张伟，梁隆斌主编；樊永勤，吴丽娟，王蓬副主编. -- 北京：经济管理出版社，2024. -- ISBN 978-7-5243-0039-7

Ⅰ. F830-44

中国国家版本馆 CIP 数据核字第 2024GG5720 号

组稿编辑：宋　娜
责任编辑：宋　娜
责任印制：张莉琼
责任校对：王纪慧

出版发行：经济管理出版社
　　　　　（北京市海淀区北蜂窝 8 号中雅大厦 A 座 11 层　100038）
网　　　址：www. E-mp. com. cn
电　　　话：（010）51915602
印　　　刷：唐山玺诚印务有限公司
经　　　销：新华书店
开　　　本：720mm×1000mm/16
印　　　张：13.25
字　　　数：225 千字
版　　　次：2025 年 3 月第 1 版　　2025 年 3 月第 1 次印刷
书　　　号：ISBN 978-7-5243-0039-7
定　　　价：75.00 元

# 前　言

　　"金融学"课程是教育部《普通高等学校本科专业类教学质量国家标准》中经济类和管理类大部分专业要求学习的专业基础课程之一。同时,课程内容也是金融硕士专业学位研究生入学统一考试中专业课程考试科目"431-金融学综合"的重要内容。本书参考国内主流《金融学》教材的框架体系,共包含十二章内容。每一章内容涵盖:本章内容摘要、习题(单选题、多选题、判断题、名词解释、简答题、论述题)及参考答案。本书条理分明,便于记忆,可以有效帮助读者更好地学习"金融学"课程,适合作为高等院校金融学、货币金融学课程的习题辅导用书。

　　本书为"云南财经大学金融学国家级一流专业系列教材"中的一部,丛书总主编由云南财经大学金融学国家一流本科专业建设点负责人熊德平教授担任。

　　本书作者皆为云南财经大学金融学院"金融学"课程一线任课教师,具有多年"金融学"课程教学经历。本书的第一主编为马彧菲,马彧菲制定了本书的大纲,负责本书的统稿,并对接出版过程,同时撰写了第一、第二、第三、第四章初稿;张伟撰写了第五、第六、第七章初稿,梁隆斌撰写了第八、第九章初稿,吴丽娟撰写了第十章初稿,樊永勤撰写了第十一章初稿,王蓬撰写了第十二章初稿。修改工作由初稿撰写者各自完成。

　　云南财经大学"金融学"课程作为云南省一流本科课程和云南省思政示范课程,本书是课程组不断积累的成果之一。本书的出版,要感谢云南财经大学金融学国家级一流专业建设经费的资助,感谢经济管理出版社申桂萍、宋娜、王倩老师的精心编辑、辛勤付出。此外,感谢云南财经大学熊德平教授对本书的指导,感谢云南财经大学金融专硕张恒杰、康立烨、蔡志伟、顾旭林、李鑫洁、彭玲玲等为本书所做的贡献。

由于编者的水平和经验有限，书中难免有所错漏，恳请同行及读者批评指正，以便我们下次修订。

编　者

2024 年 10 月

# 目　录

第一章　货币与货币制度 ……………………………………………………… 1

    本章内容摘要 …………………………………………………………… 1

    习　题 …………………………………………………………………… 2

    参考答案 ………………………………………………………………… 7

第二章　信用 …………………………………………………………………… 17

    本章内容摘要 …………………………………………………………… 17

    习　题 …………………………………………………………………… 18

    参考答案 ………………………………………………………………… 24

第三章　利息和利率 …………………………………………………………… 33

    本章内容摘要 …………………………………………………………… 33

    习　题 …………………………………………………………………… 34

    参考答案 ………………………………………………………………… 40

第四章　外汇和汇率 …………………………………………………………… 51

    本章内容摘要 …………………………………………………………… 51

    习　题 …………………………………………………………………… 52

    参考答案 ………………………………………………………………… 58

**第五章 金融市场** ·········································· 66

本章内容摘要 ·········································· 66

习 题 ·············································· 67

参考答案 ·········································· 73

**第六章 存款货币银行** ···································· 82

本章内容摘要 ·········································· 82

习 题 ·············································· 83

参考答案 ·········································· 90

**第七章 中央银行** ········································ 101

本章内容摘要 ·········································· 101

习 题 ·············································· 102

参考答案 ·········································· 108

**第八章 现代货币的创造机制** ······························ 118

本章内容摘要 ·········································· 118

习 题 ·············································· 119

参考答案 ·········································· 125

**第九章 货币需求、货币供给与均衡** ·························· 135

本章内容摘要 ·········································· 135

习 题 ·············································· 136

参考答案 ·········································· 143

**第十章 开放经济的均衡** ·································· 155

本章内容摘要 ·········································· 155

习　　题 ……………………………………………………… 156

参考答案 ……………………………………………………… 160

## 第十一章　货币政策 …………………………………………… 171

本章内容摘要 ………………………………………………… 171

习　　题 ……………………………………………………… 172

参考答案 ……………………………………………………… 179

## 第十二章　金融监管 …………………………………………… 186

本章内容摘要 ………………………………………………… 186

习　　题 ……………………………………………………… 187

参考答案 ……………………………………………………… 194

# 第一章 货币与货币制度

## 本章内容摘要

1. 货币形式的演变

货币产生以来，许多不同的物品都曾先后充当过货币材料，形成了不同的货币形式，分别为实物货币、金属货币、纸质货币、存款货币、电子货币。

2. 货币的职能

货币职能是货币本质的具体体现。在发达的商品经济条件下，货币具有价值尺度、流通手段、贮藏手段、支付手段和世界货币五大职能。货币的这五大职能是随着商品经济的发展而逐渐形成的。其中，价值尺度和流通手段是货币最基本的职能。

3. 货币层次划分

各国划分货币层次的标准和依据是货币的流动性，根据流动性的不同，货币被划分为不同的层次。我国将货币层次划分为：M0 为流通中现金；M1 为狭义货币供应量，即 M1＝M0+活期存款；M2 为广义货币供应量，即 M2＝M1+定期存款+储蓄存款+其他存款+证券公司客户保证金。

4. 货币制度及其构成

货币制度是国家对货币的有关要素、货币流通的组织与管理等加以规定所形成的制度。完善的货币制度能够保证货币和货币流通的稳定，保障货币正常发挥各项职能。货币制度的构成包括规定货币材料、规定货币单位、货币偿付能力的确定、对货币铸造发行权的规定、规定货币的发行准备。

5. 货币制度的发展

货币制度的发展经历了银本位制、金银复本位制、金本位制、不兑现的信用货币制度。其中，金银复本位制有平行本位制、双本位制、跛行本位制，金本位制有金币本位制、金块本位制、金汇兑本位制。

6. 国际货币体系

对货币制度作出国际性的安排是国际货币体系问题。国际货币体系有多种范围、多种层次，如有涉及所有主要国家的；有涉及某一地区的；有仅涉及双边或有限多边的。

 习　题

## 一、单选题

1. 某公司以延期付款方式销售给某商场一批商品，则该商品到期偿还欠款时，货币执行的是（　　）职能。

A. 交易媒介　　　　B. 流通手段　　　　C. 支付手段　　　　D. 贮藏手段

2. 货币在（　　）的情况下，执行价值尺度职能。

A. 商品买卖　　　　B. 缴纳租金　　　　C. 支付工资　　　　D. 给商品标价

3. "劣币驱逐良币现象"是在（　　）货币制度下的一种货币现象。

A. 金币本位制　　　B. 银本位制　　　C. 金银复本位制　　　D. 金块本位制

4. 美元与黄金挂钩，其他国家货币与美元挂钩是（　　）的特点。

A. 国际金本位制　　　　　　　　　B. 牙买加体系

C. 布雷顿森林体系　　　　　　　　D. 国际金块本位制

5. 有关牙买加体系说法正确的是（　　）。

A. 解决了特里芬难题

B. 汇率安排以浮动汇率为主

C. 牙买加体系可以进行国际收支的自动调节

D. 牙买加体系创设的 SDR 是重要的国际储备货币

6. 物物直接交换具有极大的局限性，必然让位于通过媒介的间接交换。用来表示所有物品价值的媒介被马克思称为（　　）。

　　A. 货币商品　　　　B. 一般等价物　　　C. 简单价值形式　　D. 一般价值形式

7. 目前世界各国普遍以金融资产的（　　）作为划分货币层次的主要依据。

　　A. 安全性　　　　　B. 收益性　　　　　C. 流动性　　　　　D. 营利性

8. 电子货币的出现会使货币发生（　　）变化。

　　A. 改变为单纯的支付手段

　　B. 仅仅作为交换媒介

　　C. 极大地便利了商品流通，但本质仍然是一般等价物

　　D. 节约交易成本，提高交易效率的工具

9. 下列不属于信用货币特征的是（　　）。

　　A. 它是由国家法律规定的，以国家权力为后盾，独立发挥货币职能

　　B. 不以任何贵金属为基础

　　C. 其发行量受到经济发展的需求制约

　　D. 商品价值与作为货币的价值是相同的

10. 在金本位制的几种形态中，（　　）是最典型的金本位制。

　　A. 金块本位制　　B. 金币本位制　　C. 金汇兑本位制　　D. 复本位制

11. 价值形式发展的最终结果是（　　）。

　　A. 货币价值形式　　　　　　　　B. 纸币

　　C. 扩大的价值形式　　　　　　　D. 一般价值形式

12. 在一国货币制度中，（　　）是不具有无限法偿能力的货币。

　　A. 主币　　　　　B. 本位币辅币　　　C. 辅币　　　　　　D. 都不是

13. 货币单位规定有含金量，但国内流通银行券，无铸币流通，无金块可供兑换，银行券可兑外币汇票是（　　）。

　　A. 金币本位制　　B. 金本位制　　　　C. 金汇兑本位制　　D. 银行券制

14. 单纯地从物价和货币购买力的关系来看，物价指数上升25%，则货币购买力（　　）。

　　A. 上升20%　　　B. 下降20%　　　　C. 上升25%　　　　D. 下降25%

15. 货币的产生是（　　　）。

A. 由金银的天然属性决定的

B. 国家发明创造的

C. 商品交换过程中商品内在矛盾发展的产物

D. 人们相互协商的结果

## 二、多选题

1. 就信用货币而言，下列命题正确的有（　　　　　）。

A. 面值低于内在价值　　　　　　B. 一种债务货币

C. 具有强制性　　　　　　　　　D. 由现金与存款构成

E. 以黄金为基础发行

2. 以下在我国具有法偿能力的有（　　　　　）。

A. 人民币本位币"元"　　　　　B. 人民币辅币"角""分"

C. 央行数字货币　　　　　　　　D. 支付宝/微信钱包

E. 美元现钞

3. 牙买加体系的主要内容包括（　　　　　）。

A. 美元与黄金挂钩，其他国家的货币与美元挂钩

B. 实行固定汇率制　　　　　　C. 汇率安排多样化

D. 国际储备货币多元化　　　　E. 多种渠道调节国际收支

4. 货币制度的构成要素主要有（　　　　　）。

A. 规定本位币和辅币　　　　　B. 规定货币单位

C. 规定货币的铸造、发行和流通程序　D. 确定币材

E. 规定货币的有限法偿和无限法偿

5. 货币的定义包括（　　　　　）。

A. 一般等价物　　B. 选票　　　C. 万能的　　　D. 流动性

E. 价值尺度和流通手段的统一

6. 充当货币的商品应具备的特征包括（　　　　　）。

A. 价值较高　　　　B. 不易分割　　　　C. 易于保存

D. 便于携带　　　　　　E. 不易分辨

7. 货币的支付手段职能包括（　　　　　　　　）。

A. 使商品交易双方的价值相向运动有一个时间间隔

B. 加剧了商品流通过程中爆发危机的可能性

C. 在进入流通的商品增加时，流通所需的货币可能不会增加

D. 克服了现款交易对商品生产和流通的限制

E. 使商品买卖变成了两个独立的行为

8. 现代信用货币包括（　　　　　　　　）等形式。

A. 钞票　　　　　　　B. 定期存款　　　　　C. 信用卡

D. 支票存款　　　　　E. 电子货币

9. 金本位制包括（　　　　　　　　）。

A. 复本位制　　　　　B. 金块本位制　　　　　C. 金汇兑本位制

D. 跛行本位制　　　　E. 金币本位制

10. 货币按价值构成划分，货币形式主要有（　　　　　　　　）。

A. 实物货币　　　　　B. 贵金属货币　　　　　C. 信用货币

D. 铸币　　　　　　　E. 代用货币

## 三、判断题

1. 现代货币的主要形态就是现金通货。　　　　　　　　　　　（　　　）

2. 在金属货币制度下，币材的选择决定了货币制度的类型。　　（　　　）

3. 劣币驱逐良币规律产生于信用货币制度的不可兑换性。　　　（　　　）

4. 货币的产生源于交换的产生与发展以及商品内部矛盾的演变。（　　　）

5. 纸币可以作为流通手段，是因为它本身具有足够的价值。　　（　　　）

6. 中国人民银行发行货币用于国内流通和交易，不存在铸币税。（　　　）

7. 货币天然是金银，金银天然不是货币。　　　　　　　　　　（　　　）

8. 价格标准是各种商品在质上统一、在量上可以比较的共同基础。（　　　）

9. 作为价值尺度，货币解决了在商品和劳务之间进行价值比较的难题。

（　　　）

10. 在价值形式变迁过程中，扩大的价值形式的出现是质的飞跃。 （    ）

11. 信用货币发挥价值储藏手段的职能可以提高储蓄的效率。 （    ）

12. 信用货币自身没有价值，所以不是财富的组成部分。 （    ）

13. 在现代信用货币制度中，币材的因素是最重要的。 （    ）

14. 划分狭义货币与广义货币的一般性标准是金融工具能否作为直接购买力。

（    ）

15. 在金本位时代，各国中央银行的银行券发行采取的都是十足准备制。

（    ）

16. 在二战后，布雷顿森林体系崩溃之前的国际货币体系是以黄金为中心建立的。 （    ）

17. 信用货币和代用货币其实都是纸质货币，没有本质区别。 （    ）

18. 信用货币虽然本身没有价值，但由于其能够发挥货币的职能，因此信用货币是构成社会财富的组成部分。 （    ）

19. 在通货膨胀时期，货币是最好的价值贮藏手段。 （    ）

20. 电子货币能够打破传统货币在流通上的区域界限。 （    ）

## 四、名词解释

1. 无限法偿

2. 信用货币制度

3. 格雷欣法则

4. 金银复本位制

5. 铸币税

6. 狭义货币

7. 广义货币

8. 电子货币

9. 流动性

10. 布雷顿森林货币体系

## 五、简答题

1. 简述货币的职能。

2. 货币制度主要由哪些要素构成？

3. 简述货币在经济中的积极作用。

4. 简述我国的货币层次划分。

5. 简述特里芬悖论。

## 六、论述题

1. 试述数字货币的意义，并谈谈数字货币和电子货币的区别。

2. 论述货币史上出现过的重要货币本位制。

3. 人民币是否完全具备世界货币的职能？

### 参考答案

### 一、单选题

1. C　2. D　3. C　4. C　5. B　6. B　7. C　8. D　9. D　10. B　11. A　12. C　13. C　14. B　15. C

### 二、多选题

1. BCD　2. ABC　3. CDE　4. ABCDE　5. ABDE　6. ACD　7. ABCD　8. ABCDE　9. BCE　10. ACE

### 三、判断题

1. ×　2. √　3. ×　4. √　5. ×　6. √　7. √　8. ×　9. √　10. √　11. √　12. ×　13. ×　14. √　15. ×　16. ×　17. ×　18. ×　19. ×　20. √

## 四、名词解释

1. 无限法偿

无限法偿是指在货币流通中，法律赋予某种货币具有无限支付能力的特性，即每次支付的数额不受限制，任何人都不得拒绝接受。一般来说，本位币都具有无限法偿能力，而辅币则可能是有限法偿的。

2. 信用货币制度

信用货币制度是以不兑现的纸币或银行券作为本位币的货币制度，也称为"不兑现的信用货币制度""不兑现本位制"，指既不规定含金（银）量也不能兑换金（银），完全取消了流通货币的金银保证，流通中的货币通过中央银行的信贷程序投放出去的货币制度。

3. 格雷欣法则

格雷欣定律也称"劣币驱逐良币"规律，是指在金银复本位制下，由于金银法定比价与市场比价不一致，市价比法定价格高的金属货币在流通中的数量逐渐减少，而市价比法定价格低的货币在流通中的数量会不断增加的一种现象。最早发现这一现象的是英国经济学家格雷欣（Thomas Gresham），因此，后人就把这个现象称为"格雷欣法则"。

4. 金银复本位制

金银复本位制是指金银两种金属同时作为本位币币材的一种货币制度。由于市场上金价与银价都在不断波动中，为了解决金币与银币之间的兑换问题，狭义的金银复本位制又可以分为两种：平行本位制与双本位制。另一种跛行本位制事实上不能算作纯粹的金银复本位制，可以说它是金银复本位制向金本位制的过渡。

5. 铸币税

铸币税是指货币发行收入。最早是指货币发行当局从货币的发行和铸造中所获得的收入，具体是指货币面值超出货币生产成本的那部分收入。

6. 狭义货币

狭义货币一般用字母 M1 来表示，从货币数量的统计角度，狭义货币＝现金＋

活期存款。

7. 广义货币

广义货币一般用字母 M2 来表示，从货币数量的统计角度来看，广义的货币量＝现金+全部存款+某些短期流动性金融资产。

8. 电子货币

电子货币也称数字货币、电子现金、电子钱包、网络货币，它是以计算机通信、金融与商业专用电脑和机具等现代化科学技术为基础，通过电子信息转账形式实现的一种货币流通方式，或者说电子货币是基于现代电子技术而出现的用来取代纸币、支票的电子支付手段。

9. 流动性

流动性是指金融资产不受损失地及时转化成现实购买力的能力。

10. 布雷顿森林货币体系

1944 年 7 月，在英国、美国的组织下，召开了有 44 个国家参加的布雷顿森林会议，通过了《国际货币基金组织协定》。该协定规定，参加基金组织的成员国的货币金平价应以黄金和美元来表示。根据当时 1 美元的含金量为 0.888671 克纯金，确定 1 盎司黄金等于 35 美元的官方价格。其他各国的货币则按其含金量与美元定出比价：美国政府允许各国中央银行以 1 盎司等于 35 美元的官价向美国兑换黄金。这就是所谓"双挂钩"的以美元为中心的国际货币体系，即美元与黄金挂钩，其他各国货币与美元挂钩的布雷顿森林货币体系（Bretton Woods Monetary System）。

## 五、简答题

1. 简述货币的职能。

**答**：货币本质的具体表现形式是随着商品经济的发展而逐渐完备起来的。商品交换由物物交换逐渐转化为商品流通（以货币为媒介的商品交换），这是货币基本职能存在的前提条件。在发达的商品经济中，它具有价值尺度、流通手段、贮藏手段、支付手段和世界货币五种职能。其中，货币最基本的职能是价值尺度和流通手段。

（1）价值尺度。货币在表现和衡量商品价值时，执行着价值尺度职能。货币执行价值尺度时，人们可以用观念语言中的货币来衡量商品的价值，并不需要现实货币的存在。

（2）流通手段。货币在商品交换过程中发挥媒介作用时，便执行着流通手段职能。货币作为流通手段的前提必须是现实的货币。货币只在买卖商品的瞬间发挥媒介作用。

（3）贮藏手段。货币的贮藏手段是货币的职能之一，具体是指货币退出流通领域被人们当作独立的价值形态和社会财富的一般代表保存起来的职能。贮藏手段是建立在价值尺度和流通手段职能的基础上。

（4）支付手段。货币的支付手段，是指货币作为价值的独立运动形式进行单方面转移的职能。这一职能的产生发展是和信用关系的产生和发展密切相关的。随着商品流通的发展，在现金交易基础上，往往会产生商品的让渡与价格的实现相脱节的情况，于是买卖关系变成了债权债务关系。在商品以赊销方式买卖时，买卖行为完成后，经过若干时间，购买者才向销售者支付货币，在此以前，卖者变成了债权人，买者成了债务人，货币在偿还债务或作其他支付时，执行的是支付手段职能。

（5）世界货币。世界货币是指货币超越国内流通领域，在国际市场上充当一般等价物的职能。

2. 货币制度主要由哪些要素构成？

**答**：货币制度是国家对货币的有关要素、货币流通的组织与管理等加以规定所形成的制度。完善的货币制度能够保证货币和货币流通的稳定，保障货币正常发挥各项职能。其构成要素包括：货币材料、货币单位、流通中货币种类的确定；对不同种类货币的铸造和发行的管理；对不同种类货币的支付能力的规定等。

（1）规定货币材料。规定货币材料就是规定币材的性质，确定不同的货币材料就形成不同的货币制度。目前，各国都实行不兑现的信用货币制度，对货币材料不再做明确规定。

（2）规定货币单位。货币单位是货币本身的计量单位，规定货币单位包括两方面：一是规定货币单位的名称；二是规定货币单位的值。

（3）货币偿付能力的确定。无限法偿（主币）：无论用于何种支付或支付数额有多大，对方均不得拒绝接受。有限法偿（辅币）：在一次支付中有法定支付限额的限制，若超过限额，对方可以拒绝接受。

（4）对货币铸造发行权的规定。①在金属货币流通条件下：本位币属于是自由铸造的，公民有权用国家规定的货币材料，按照国家规定的货币单位在国家造币厂铸造铸币。辅币，非自由铸造，只能由国家铸造。②在信用货币流通条件下：垄断发行，各国信用货币的发行权都集中于中央银行或指定机构。

（5）规定货币的发行准备。规定货币的发行准备是为约束货币发行规模、维护货币信用而制定的，要求货币发行者在发行货币时必须以某种金属或资产作为发行准备。在金属货币制度下，货币发行以法律规定的贵金属作为发行准备。在现代信用货币制度下，各国货币发行准备制度的内容比较复杂，一般包括现金准备和证券准备两大类。

3. 简述货币在经济中的积极作用。

**答**：①克服了物物交换的困难，降低了商品交换的信息搜寻成本，提高了交换效率，促进了商品的流通与市场的扩大。②克服了价值衡量与交换比率确定等交易困难，为顺利实现商品交换提供了便利。③可以通过支付冲抵部分交易金额，进而节约流通费用，还可以通过非现金结算加速资金周转。④提供了最具流动性的价值储藏和资产保存形式，在财富日益增长的过程中丰富了人们的贮藏手段和投资形式。⑤通过在发挥支付手段职能所形成的活期存款和发挥贮藏手段职能所形成的定期存款等促进社会资金的集中，使金融体系能够有效利用社会资金，这是现代社会化大生产顺利进行最重要的前提条件。

4. 简述我国的货币层次划分。

**答**：我国现阶段是将货币供应量主要划分为三个层次，其含义分别是：

M0＝流通中现金

M1＝狭义货币供应量，即 M0+活期存款

M2＝广义货币供应量，即 M1+定期存款+储蓄存款+其他存款+证券公司客户保证金

5. 简述特里芬悖论。

答：耶鲁大学特里芬教授明确指出了布雷顿森林货币体系以一国货币作为最主要国际储备资产所具有的自身难以克服的矛盾。他认为，由于美元与黄金挂钩，其他国家的货币与美元挂钩，尽管美元因此取得了国际核心货币的地位，但各国为了发展国际贸易，必须用美元作为结算与储备货币，这样就会导致流出美国的货币在海外不断沉淀，对美国来说就会发生长期贸易逆差；而美元作为国际核心货币的前提是必须保持美元币值的稳定与坚挺，这又要求美国必须是一个长期贸易顺差国。这两个要求相互矛盾，被称为"特里芬悖论"。

## 六、论述题

1. 试述数字货币的意义，并谈谈数字货币和电子货币的区别。

答：（1）数字货币的意义：

广义的数字货币泛指以数字形式表示价值的货币，一般我们说的数字货币特指具有去中心化支付机制并利用密码学保障安全性的加密数字货币，因此并不包含传统由中央服务商发行，以电子形式储存价值的电子货币。

随着信息网络通信技术的飞速发展，电子支付已迅速普及，法定数字货币也不断发展。中国大力推动数字货币，数字货币的发展对我国经济发展具有很大的积极意义。数字货币给人们的生活带来了便利，加快了货币流通，促进了经济发展。

1）与纸币相比，合法的数字货币易于携带。只要在移动电话上安装特定的客户端，就可以实现纸币的所有交易功能。法定数字货币的安全性体现在其账户加密技术和支付密码验证中，不仅可以确保用户账户中的数字货币不会被盗，而且可以确保用户数字货币在使用时不会被更改。当手机丢失时数字货币不会被他人窃取，但是丢失的现金无法避免被他人使用。合法数字货币的双离线支付功能支持没有网络的用户面对面支付，弥补了当前电子支付工具的缺陷。基于以上特征，合法的数字货币可以逐步取代纸币的地位，并被人们广泛接受。当合法数字货币成为市场交易的主要支付工具时，可以发挥其点对点交易的效率，从货币层面促进市场交易行为，从而加速货币流通。

2）同时，数字货币的合法化对金融稳定和国家安全提出了挑战。合法数字货币的分布式记账模式导致交易信息处理的分散化，增加了监管难度。未来，与合法数字货币有关的业务可能会同时创建新的财务形式，如在线支付、资产托管、数字钱包、供应链金融等领域。这些领域很容易演变成新的投机或套利出口。如果监管没有技术上的突破，对现有的金融稳定和监管体系将构成巨大挑战。同时，监管滞后还将导致国家安全问题，因为合法数字货币的出现增加了跨境资本流动的空间，货币和金融安全将受到威胁。

3）对于用户而言，他们很难在日常消费中感受到数字货币支付和第三方支付间的区别。相比较而言，数字货币支付的使用要比第三方支付更为方便，数字货币支付不受网络和支付场景的限制。数字货币是国家建设的金融基础设施，数字货币的兑现和赎回不收取任何费用。数字货币可以支持第三方付款。对于那些需要方便的电子支付的人，没有财务账户的人也可以使用数字货币。数字货币支持可控的匿名性，可以更好地保护用户的隐私。

（2）数字货币和电子货币主要有以下几个方面的区别：

1）应用不同。数字货币：快捷、经济和安全的支付结算；票据金融和供应链金融可以实现票据数字货币化；抵押品物权数字化可以对抵押品进行定价和交易追踪。电子货币：卖方将买方的支付指令通过支付网关送往卖方的收单行；收单行通过银行卡网络从发卡行获得授权许可，并将授权信息再通过支付网关送回卖方，卖方取得授权后，向买方发出购物完成信息。如果支持获取与支付授权不能同时完成，卖方还要通过支付网关向收单行发送支付获取请求。把该笔交易的资金由买方转账到卖方的账户中。银行与银行之间通过支付系统完成最后的行间结算。

2）特点不同。数字货币特点是交易成本低、交易速度快、高度匿名性；电子货币特点是匿名性、节省交易费用，节省传输费用、持有风险小、支付灵活方便、防伪造及防重复性、不可跟踪性。

3）种类不同。数字货币分为三类：第一类，完全封闭的、与实体经济毫无关系只能在特定虚拟社区内使用，如魔兽世界黄金；第二类，可以用真实货币购买但不能兑换回真实货币，可用于购买虚拟商品和服务，如 Facebook 信贷；第三类，可以按照一定的比率与真实货币进行兑换、赎回，既可以购买虚拟的商品服务，也可以购买真实的商品服务，如比特币。

2. 论述货币史上出现过的重要货币本位制。

**答**：各个国家都有其不同的货币制度类型，一个国家在不同时期也有不同的货币制度类型。资本主义经济制度确立以后，货币主要经历了银本位制、金银复本位制、金本位制和不兑现的信用货币制度。

（1）银本位制。银本位指以白银为本位货币的一种货币制度，分为银两本位与银币本位。它的特点是：银币是本位货币，银币可以自由铸造，具有无限法偿能力，辅币和其他货币则为有限法偿，但它们可以自由兑换成银币，白银可以自由输出入国境。

（2）金银复本位制。金银复本位制是金、银两种铸币同时被法律承认为法定货币币材，金银均可自由铸造自由输出入国境，同为无限法偿，金币和银币之间、金币银币与货币符号之间都可以自由兑换。按照两种金属的不同关系又可分为平行本位制、双本位制和跛行本位制。平行本位制，即金币和银币之间不规定法定比价，各按其实际价值量流通。在这种币制下，金银比价变动频繁，不能很好地发挥价值尺度职能。双本位制是复本位制的主要形式，即金银两种货币按照法定比例流通的货币制度，但实际上并不能割断金银与市场比价的联系，金银的法定比价不断地与市场比价发生冲突引起价格上的紊乱，出现"劣币驱逐良币"的现象。跛行本位制是向金本位制度过渡的中间形式，即国家规定金币可以自由铸造，而银币不可以自由铸造。

（3）金本位制。金本位制是指以黄金作为本位货币的货币制度，其主要形式有三种：金币本位制、金块本位制和金汇兑本位制。其中，金币本位制是最基本的形式。金币本位制的主要特点有：①金币可以自由铸造、自由熔化；②流通中的辅币和价值符号可以自由兑换金币；③黄金可以自由输出输入。金币本位制是一种比较稳定的货币制度，它在资本主义发展过程中起到了促进生产、促进信用制度、促进国际贸易的作用。金块本位制又称生金本位制，是指没有金币的铸造和流通，而由央行发行以金块为准备的银行券流通的货币制度。纸币或银行券仍是金单位，规定含金量。金汇兑本位制，又叫虚金本位制，是指没有金币流通，但将本国货币依附于实行金本位制国家的本位币（如美元），同时将黄金外汇储备存放在该国的货币制度，本国货币仍规定含金量，但国内流通的银行券不能直接兑换金币或金块，只能换成在外国兑取黄金的外币汇券。

（4）不兑现的信用货币制度。不兑现信用货币制度，也称"不兑现本位制""不兑现纸币流通制度"。不能兑现黄金，取消黄金保证，是一种仅凭借国家信用，通过信用渠道发行和流通纸币的货币制度。始于 20 世纪 70 年代早期布雷顿森林体系瓦解时期。在这种货币制度下，由于黄金被排除在国内流通之外，因此失去了自发调节货币流通的作用，如计划不周，货币会因发行过多而贬值，进而导致通货膨胀。

3. 人民币是否完全具备世界货币的职能？

答：（1）世界货币的含义。世界货币是指货币超越国内流通领域，在国际市场上充当一般等价物的职能，具体表现为：①货币作为价值尺度，主要表现在为大宗商品定价、在国际贸易中作为重要的计价货币等方面。②货币作为国际间的支付手段，用于平衡国际收支差额。对外贸易主要以信用方式进行，因此国与国之间必然伴随相互的债务关系。这些债务关系的结算可以利用信用工具通过相互抵消的方式来进行。对于抵消之后的差额，便利用真实的货币作为最终的结算手段来偿付，这时世界货币发挥着国际支付手段的职能。③货币作为国际间的购买手段，用于购买外国商品。④货币作为社会财富的代表，由一国转移到另一国，如支付战争赔款、对外援助等。在当代，世界货币的主要职能，是作为国际支付手段，用以平衡国际收支差额。

（2）一国货币成为世界货币的必备条件。一国货币成为世界货币需具备以下这些条件：①发行这种货币的国家需要有强大的经济实力，在国际经济领域中占有重要的或统治的地位。只有一个国家在世界范围的商品输出和资本输出占有重要地位，同各国有着广泛的贸易、金融联系时，它的信用货币才能在国际上被广泛使用，并顺利地被接受。②这种信用货币必须具有相当大的稳定性。③某个国家的货币虽然可以在彼此经济联系密切的国家之间充当支付手段，但要在世界范围内取得储备货币的资格，还要得到所有国家的承认，这就必须通过国际协议来实现。

（3）在当前条件下，人民币尚未完全具备世界货币的职能。首先，尽管人民币在亚洲部分区域逐渐成为计价货币、结算货币、储备货币，并与部分南美、欧洲国家签订了人民币互换协议，但人民币还并未在世界范围得到广泛应用。其次，人民币已在2016年10月被纳入SDR，但仍然不能做到"资本账户可自由兑换"，且未来目标也是达到"有管理的可兑换"，这也在一定程度上影响了人民币在国际上的使用范围。中国经济多年来的快速与稳定的发展、我国在全球对外贸易中的地位上升以及人民币的稳定性，为人民币在未来成为世界货币提供了可能。

# 第二章　信用

1. 信用的含义

信用是借贷行为的总称。借——以归还为义务的取得；贷——以收回为条件的付出。贷者之所以贷出，是因为可以取得利息；借者之所以可能借入，是因为承担了支付利息的义务。信用是商品生产和货币流通发展到一定阶段的产物。信用关系是在商品货币关系基础上产生的，它反映了商品生产者之间的经济关系。

2. 信用与货币是两个不同的经济范畴

信用是一种借贷行为，是不同所有者之间调剂财富余缺的一种形式。货币是一般等价物，是商品所有者之间商品交换的媒介。

3. 商业信用是指企业之间在买卖商品时，以商品形式提供的信用

商业信用的典型形式是赊销。商业信用活动包含了商品买卖行为和借贷行为，买卖活动是基础。

4. 银行信用是银行或其他金融机构以货币形态提供的信用

与商业信用不同，银行信用属于间接信用。在银行信用中，银行充当了信用媒介。

5. 国家信用是指以国家政府为一方的借贷活动，即政府作为债权人或债务人的信用

在现代经济活动中，国家信用主要表现为政府作为债务人而形成的负债。国家信用的形式主要有发行国家公债、发行国库券、发行专项债券、向中央银行透

支或借款。

6. 消费信用是企业、银行和其他金融机构向消费者个人提供的用于生活消费的信用

消费信用可以刺激有效需求，促进商品销售，短期内可以发挥扩大消费需求和刺激生产的作用。然而，信用规模过大也会造成虚假繁荣。消费信用形式主要有以下几种：赊销、分期付款、消费信贷。其中，消费信贷按接受贷款的对象不同可分为卖方信贷和买方信贷。

7. 国际信用是指一切跨国的借贷关系、借贷活动

国际信用体现的是国与国之间的债权债务关系，直接表现为资本在国际间的流动。国际信用的形式有国外商业性借贷和国外直接投资。

 习 题

## 一、单选题

1. 商业信用最典型的做法是（  ）。

A. 赊销        B. 有借有还        C. 票据化        D. 挂账

2. 2022 年 2 月 27 日，标准普尔下调了俄罗斯的主权信用等级评级，受到影响的是（  ）。

A. 商业信用        B. 银行信用        C. 国家信用        D. 消费信用

3. 以下以金融机构为媒介的信用是（  ）。

A. 商业信用        B. 国家信用        C. 银行信用        D. 国际信用

4. 下列各项中，属于间接信用的是（  ）。

A. 发行股票        B. 银行借贷        C. 发行国库券        D. 发行公司债券

5. 以下属于信用活动的是（  ）。

A. 财政拨款        B. 商品买卖        C. 救济        D. 赊销

6. 现代信用活动的基础是（  ）。

A. 信用货币在现代经济中的使用

B. 经济中存在大量的资金需求

C. 企业间的赊销活动

D. 现代经济中广泛存在着盈余或赤字单位

7. 最古老的信用形式是（　　）。

A. 高利贷　　　　B. 实物借贷　　　　C. 货币借贷　　　　D. 商业信用

8. 以下关于信用的相关描述中，错误的是（　　）。

A. 典型的商业信用包括商品买卖和货币借贷两种形式

B. 政府信用是指中央银行发行政府债券

C. 商业信用先于银行信用产生，并促进银行信用的发展

D. 消费信用是可以通过商业信用和银行信用实现的

9. 下列关于商业信用和银行信用区别的说法中，错误的是（　　）。

A. 银行信用克服了商业信用期限限制

B. 银行信用克服了商业信用规模限制

C. 商业信用先于银行信用产生

D. 银行信用的高度发展将取代商业信用

10. （　　）可以润滑整个生产流通过程，并且一直广泛存在于商品推销和国际贸易领域中。

A. 商业信用　　　　B. 银行信用　　　　C. 国家信用　　　　D. 消费信用

11. 国家信用的主要工具是（　　）。

A. 政府贷款　　　　　　　　B. 国库发行的债券

C. 货币发行　　　　　　　　D. 银行券

12. 商业信用是（　　）之间提供的信用。

A. 工商企业　　　　　　　　B. 银行和工商企业

C. 消费者和工商企业　　　　D. 消费者和银行

13. 以下票据种类中，（　　）需要进行承兑。

A. 本票　　　　　B. 汇票　　　　C. 现金支票　　　　D. 转账支票

14. 以下可以认为是直接融资行为的是（　　）。

A. 你向朋友借了 10 万元

B. 你购买了 10 万元余额宝

C. 你向建设银行申请了 10 万元汽车贷款

D. 以上都是

15. 由债权人签发给债务人的付款命令书是（　　　）。

A. 商业本票　　　B. 商业期票　　　C. 商业汇票　　　D. 银行支票

16. 关于商业信用以下描述，正确的是（　　　）。

A. 商业票据可以发挥价值尺度的职能

B. 商业信用一般由卖方企业向买方企业提供

C. 商业信用属于间接融资形式

D. 商业规模大，是长期融资形式

17. 下列关于票据的说法，正确的是（　　　）。

A. 汇票又称为期票，是一种无条件偿还的保证

B. 银行本票是一种无条件的支付承诺书

C. 商业汇票和银行汇票都是由收款人签发的票据

D. 商业承兑汇票与银行承兑汇票只能由债务人付款

18. 在下列信用形式中，最基本的信用形式是（　　　）。

A. 消费信用　　　B. 银行信用　　　C. 国家信用　　　D. 商业信用

19. 下列有关货币和信用关系的说法中，不正确的是（　　　）。

A. 信用足够发达后货币会消失

B. 信用先于货币出现

C. 货币与信用交织构成了金融

D. 在现代，信用往往与货币联系紧密

20. 企业与企业之间存在三角债，与此相关的是（　　　）。

A. 商业信用　　　B. 银行信用　　　C. 国家信用　　　D. 消费信用

## 二、多选题

1. 现代信用的基本形式包括（　　　）。

A. 商业信用　　　　　B. 银行信用　　　　　C. 消费信用

D. 国家信用　　　　　E. 国际信用

2. 下列属于直接融资方式的有（　　　　　　）。

A. 银行消费信贷　　　B. 国库券　　　　　C. 股票

D. 商业票据　　　　　E. 公司债券

3. 国外商业性借贷的类型有（　　　　　　）。

A. 出口信贷　　　　　B. 国际商业银行贷款　C. 政府贷款

D. 国际金融机构贷款　E. 国际资本市场融资

4. 消费信用形式主要有（　　　　　　）。

A. 赊销　　　　　　　B. 分期付款　　　　　C. 国库券

D. 消费信贷　　　　　E. 出口信贷

5. 国际信用的特征有（　　　　　　）。

A. 规模大　　　　　　B. 风险大　　　　　　C. 复杂性

D. 利率受限　　　　　E. 方向上的不对称性

6. 消费贷款按接受贷款的对象不同可分为（　　　　　　）。

A. 卖方信贷　　　　　B. 出口信贷　　　　　C. 买方信贷

D. 国际租赁　　　　　E. 政府贷款

7. 在现代经济中，与企业经营活动直接联系的信用形式有（　　　　　　）。

A. 商业信用　　　　　B. 国家信用　　　　　C. 国际信用

D. 银行信用　　　　　E. 消费信用

8. 国家信用的形式有（　　　　　　）。

A. 发行国家公债　　　B. 发行国库券　　　　C. 发行专项债券

D. 向中央银行透支或借款　　　　E. 出口信贷

9. 制约消费信用的主要因素有（　　　　　　）。

A. 总供给能力与水平　B. 居民的实际收入与生活水平

C. 出口规模　　　　　D. 资金供求关系　　　E. 消费观念与文化传统等

10. 我国商业银行推出的有关消费信用的贷款种类有（　　　　　　）。

A. 个人住房贷款　　　B. 个人住房装修贷款　C. 个人耐用消费品贷款

D. 个人权利质押贷款　E. 下岗失业人员小额担保贷款

## 三、判断题

1. 商业信用通常是在银行信用发展的基础上产生和发展起来的。 （　　）

2. 在整个信用体系中，银行信用是最主要的信用形式。 （　　）

3. 直接融资与间接融资区别在于债权债务关系的形成方式不同。 （　　）

4. 信用关系是最普遍、最基本的经济关系。 （　　）

5. 任何货币盈余或货币赤字，都同时意味着相应金额的债权、债务关系的存在。 （　　）

6. 作为借贷行为的信用，包含守信与失信两个侧面；它们总是相互伴随而存在。 （　　）

7. 失信就等于蓄意赖账。 （　　）

8. 守信机制的核心是经济利益的权衡；是失信成本的约束。 （　　）

9. 商业信用活动包含了商品买卖行为和借贷行为，借贷活动是基础。

（　　）

10. 商业票据可以流通转让。 （　　）

11. 背书人对票据负有连带责任。 （　　）

12. 在现代经济活动中，国家信用主要表现为政府作为债务人而形成的负债。 （　　）

13. 国际信用直接表现为资本在国际间的流动。 （　　）

14. 大学生助学贷款属于消费信用的一种形式。 （　　）

15. 商业信用属于间接融资的一种。 （　　）

16. 只有借款方才会有失信的问题。 （　　）

17. 消费信用在经济生活中主要用于满足不动产和耐用消费品的需求。

（　　）

18. 出口信贷也是国家信用的一种形式。 （　　）

19. 商业本票是由债权人给债务人的付款命令书。 （　　）

20. 银行承兑汇票的转让一般通过承兑的方式进行。 （　　）

## 四、名词解释

1. 消费信用

2. 直接融资

3. 银行信用

4. 商业信用

5. 间接融资

6. 国际信用

7. 国家信用

8. 商业票据

9. 背书

10. 票据贴现

11. 卖方信贷

12. 买方信贷

## 五、简答题

1. 简述信用的特征。

2. 什么是消费信用？其有何作用？

3. 什么是商业信用？商业信用的局限性有哪些？

4. 简述银行信用的特点。

5. 简述国际信用的形式。

## 六、论述题

1. 试论述现代信用的几种形式，并谈谈在现代经济生活中应怎样合理运用。

2. 在现代经济生活中，信用几乎无所不在，如何理解现代经济是信用经济？比较商业信用与银行信用，同时说明二者之间有怎样的关系？

3. 进入 21 世纪后，我国社会融资的主要方式有直接融资和间接融资两种。请阐述直接融资与间接融资的含义、各自的优缺点，并谈谈对我国的这两种融资方式的看法。

4. 什么是消费信用？其积极作用和消极作用有哪些？我国在利用消费信用来刺激经济发展的同时，怎样减少其消极作用的影响？

## 参考答案

### 一、单选题

1. A  2. C  3. C  4. B  5. D  6. D  7. B  8. B  9. D  10. A  11. B  12. A
13. B  14. A  15. C  16. B  17. B  18. D  19. A  20. A

### 二、多选题

1. ABCDE  2. BCDE  3. ABCDE  4. ABD  5. ABCE  6. AC  7. AD  8. ABCD
9. ABDE  10. ABCDE

### 三、判断题

1. ×  2. √  3. √  4. √  5. √  6. √  7. ×  8. √  9. ×  10. √  11. √
12. √  13. √  14. √  15. ×  16. ×  17. √  18. ×  19. ×  20. ×

### 四、名词解释

1. 消费信用

由工商企业、商业银行以及其他信用机构向消费者个人提供的、用以满足其消费方面所需货币的信用。消费信用可以刺激有效需求，促进商品销售，短期内可以发挥扩大消费需求和刺激生产的作用，但信用规模过大也会造成虚假繁荣。消费信用形式主要有赊销、分期付款、消费信贷。

2. 直接融资

盈余方直接把资金提供给赤字方使用，即赤字方通过发行所有权凭证或债券债务凭证融入资金，而盈余部门则通过购买这些凭证向赤字方提供资金。

3. 银行信用

银行信用是银行或其他金融机构以货币形态提供的信用。与商业信用不同，银行信用属于间接信用。在银行信用中，银行充当了信用媒介。银行信用能够突破商业信用在融资规模、方向、期限上的局限，是重要的融资形式。

4. 商业信用

商业信用是指买卖双方交易时产生的一种赊买和赊卖行为，其实质是延期付款。例如，企业延期支付货款的行为均属于商业信用，即企业之间在买卖商品时，以商品形式提供的信用。商业信用的典型形式——赊销。商业信用活动包含了商品买卖行为和借贷行为，买卖活动是基础。

5. 间接融资

间接融资是与直接融资相对应的融资方式。在货币资金的所有者和需求者之间，并不发生直接的债权债务关系，而是通过金融中介进行融资，如银行。这种资金运作的方式称为间接融资。

6. 国际信用

国际信用是指一切跨国的借贷关系、借贷活动。国际信用体现的是国与国之间的债权债务关系，直接表现为资本在国际间的流动。国际信用的形式主要有两种：国外商业性借贷和国外直接投资。

7. 国家信用

国家信用是指以国家政府为一方的借贷活动，即政府作为债权人或债务人的信用。在现代经济活动中，国家信用主要表现为政府作为债务人而形成的负债。国家信用的形式有以下几种：发行国家公债、发行国库券、发行专项债券、向中央银行透支或借款。

8. 商业票据

商业票据是商业信用工具，它是提供商业信用的债权人，为保证自己对债务的索取权而掌握的一种书面债权凭证。商业票据主要分为本票和汇票两种。商业票据可以流通转让。

9. 背书

商业票据经债权人在票据背面作转让签字后，可以作为购买手段和支付手段流通转让，这种在票据背面签字转让的过程就叫"背书"。背书人对票据负有连带责任。

10. 票据贴现

当票据的持有者在票据未到偿还期而又需要进行支付时，票据持有人就可以经过背书，把票据以一定的价格转让给金融机构，从而获得现金满足支付需求，这种活动称作票据贴现。

11. 卖方信贷

在消费信贷中，以分期付款单作抵押对销售消费品的商业企业发放贷款，或由银行和以信用方式出售商品的商业企业签订合同，银行向商业企业放款，消费者偿还银行贷款的消费信用方式。

12. 买方信贷

在消费信贷中，银行及其他金融机构采用信用放款或抵押放款方式对购买消费品的消费者直接发放贷款的消费信用方式。

## 五、简答题

1. 简述信用的特征。

**答：**（1）信用的标的是一种所有权与使用权相分离的资金。

（2）以还本付息为条件。资金需求者在偿还本金时还应当支付一定的利息，对于资金供给者来说，这一部分利息则是他们借出资金所获得的收入。

（3）以相互信任为基础。有了相互信任，资金供给者才会将资金借出。

（4）以收益最大化为目标。资金供给者避免资金闲置所造成的浪费和损失，资金需求者用这一部分资金扩大生产，获得更多的利润。

（5）具有特殊的运动形式。在信用关系中，价值运动表现为借贷、偿还等一系列价值单方面的转移，这种价值转移是一种使用权而非所有权的转移。

2. 什么是消费信用？其有何作用？

**答：**消费信用是指对消费者个人提供的、用以满足其消费方面所需货币的信用。它主要与住房和耐用消费品的销售有关，如住房贷款、汽车贷款等。消费信用形式主要有以下几种：赊销、分期付款、消费信贷。其中，消费信贷按接受贷款的对象不同可分为卖方信贷和买方信贷。

消费信用的作用：促进消费商品的生产和销售，从而促进经济的增长。对促进新技术的应用、新产品的推销以及产品的更新换代，也具有不可低估的作用。

3. 什么是商业信用？商业信用的局限性有哪些?

**答**：商业信用是指企业之间（厂商之间）在买卖商品时，以商品赊销或预付货款的形式提供的信用。其实质是延期付款，如企业延期支付货款的行为均属于商业信用。

商业信用的局限性有两方面：一方面，商业信用存在于工商企业之间，所以它的规模大小是以产业资本的规模为度，其最大作用是产业资本的充分利用；另一方面，商业信用具有严格的方向性。一般来说，是上游产品企业向下游产品企业提供信用，因而有些企业很难从这种形式取得必要的信用支持。

4. 简述银行信用的特点。

**答**：银行信用是银行或其他金融机构以货币形态提供的信用。与商业信用不同，银行信用属于间接信用。在银行信用中，银行充当了信用媒介。银行信用主要有以下几个特点：①资金来源于社会各部门的暂时闲置货币，规模庞大。②是以货币形态提供的信用，它既独立于商品买卖活动，又有广泛的授信对象。③提供的存贷款方式具有相对灵活性，期限可长可短，数额可大可小，可以满足存贷款人各种不同的需求。④和商业信用不同，银行信用有银行这一类的金融中介参与，属于间接融资方式。

5. 简述国际信用的形式。

**答**：国际信用大体可划分为国外商业性借贷和国外直接投资两种方式：①国外商业性借贷，其基本特征是资金输出者与使用者之间构成借贷双方。它包括出口信贷、国际商业银行贷款、政府贷款、国际金融机构贷款、国际资本市场融资和国际租赁等多种形式。②国外直接投资，这是一国资本直接投资于企业，成为企业的所有者或享有部分所有权的一种资本流动形式。一般包括：一国的投资者到另一国进行股权式的投资，一国的投资者到另一国进行契约式合营，以及一国的投资者到另一国进行独资经营等几种情况。

## 六、论述题

1. 试论述现代信用的几种形式，并谈谈在现代经济生活中应怎样合理运用。

**答：** 现代信用主要有五种信用形式，分别是商业信用、银行信用、国家信用、消费信用和国际信用。商业信用是指买卖双方交易时产生的一种赊买和赊卖行为，其实质是延期付款，如企业延期支付货款的行为均属于商业信用。银行信用是银行或其他金融机构以货币形态提供的信用。与商业信用不同，银行信用属于间接信用。在银行信用中，银行充当了信用媒介。国家信用是指以国家政府为一方的借贷活动，即政府作为债权人或债务人的信用。在现代经济活动中，国家信用主要表现为政府作为债务人而形成的负债。消费信用是由工商企业、商业银行以及其他信用机构向消费者个人提供的、用以满足其消费方面所需货币的信用。国际信用是指一切跨国的借贷关系、借贷活动。国际信用体现的是国与国之间的债权债务关系，直接表现为资本在国际间的流动。

在现代经济生活中，这几类信用都要全面发展，改革开放之前和改革开放之后对信用形式的态度以及经济发展的情况，就说明了信用经济的重要性。改革开放之前，在高度集中的计划经济体制下，我国取消了除银行信用以外的所有信用形式，坚持"既无外债又无内债"的方针，禁绝国际资本以任何方式流出入。改革开放以后，对待国际信用，我国从全盘否定、排斥转向适度地发展和利用。我国对于不同形式的国际信用区别对待、分类管理：对外国直接投资实行鼓励政策，对外债规模严格控制，积极有序地推进资本市场对外开放，防范国际资本流动冲击。并大力开展商业信用、银行信用、消费信用这些信用形式。实践证明，合理利用各类信用形式有利于推动我国经济的持续快速增长。

应对各种信用形式有重点、有管理地加以引导和应用。规范商业信用，发展直接融资；加强对银行信用的风险管理，提高货币资金的使用效益；适度发展消费信用，满足消费者的合理需求，注意防范盲目消费和信用膨胀，避免经济虚假繁荣；安排好国家信用的规模和结构，使其适应经济发展和社会需要。

总之，在发展各种信用形式的前提下，针对其各自的特点和作用，有所侧重、协调并举地对各种信用形式加以运用。

2. 在现代经济生活中，信用几乎无所不在，如何理解现代经济是信用经济？比较商业信用与银行信用，同时说明二者之间有怎样的关系？

答：（1）如何理解现代经济是信用经济：

1）现代经济运作的特点。现代经济是一种具有扩张性质的经济；现代经济中债权债务关系是最基本、最普遍的经济关系；现代经济中信用货币是最基本的货币形式。

2）信用关系中的参与者。信用关系中的个人、企业、政府、金融机构、国际收支这些部门的任何经济活动都离不开信用。

3）信用对现代经济的作用。一是现代信用可以促进社会资金的合理利用。二是现代信用可以优化社会资源配置。三是现代信用可以推动经济的增长。

（2）商业信用与银行信用的联系：

1）商业信用。商业信用是企业之间提供的与商品交易相联系的一种信用形式，如赊销、赊购、分期付款等。它包含了销售与借贷两方面，作为信用制度的基础，商业信用在商品经济中发挥着润滑剂的作用，润滑生产和流通，加速了商品价值的实现过程和资本周转，保证了产品供销的顺畅，促进企业之间建立稳定顺畅的联系。商业信用存在如下局限性：方向上的局限性、规模上的局限性、期限上的局限性。

2）银行信用。银行信用是银行或其他金融机构以货币形态提供的信用。它是适应商品经济发展的需要，在商业信用广泛发展的基础上产生的一种信用形式。

与商业信用比较，银行信用具有如下特点：资金来源于社会各部门的暂时闲置货币，规模庞大。银行信用是以货币形态提供的信用，独立于商品买卖活动，有广泛的授信对象。银行信用提供的存贷款方式具有相对灵活，期限可长可短，数额可大可小，可以满足存贷款人各种不同的需求。

3）商业信用与银行信用的关系：

在现代信用制度中，无论社会制度如何，银行信用均居于各国主导地位，但并不否认商业信用的基础地位。两者之间有着固有的联系。

从信用发展的历史来看，商业信用先于银行信用产生，银行信用是在商业信用广泛发展的基础上产生和发展起来的，并且与银行的产生和发展相联系。在市场经济条件下，商业信用的发展日益依赖于银行信用，并在银行信用的促进下得到进一步完善，二者之间在总体上相互依存、相互促进。但是商业信用直接与商品的生产和流通相联系，在有着密切联系的经济单位之间，它的产生有其必然性，甚至不必求助于银行信用。因此，即使在银行信用发达的情况下，也不可能完全取代商业信用。

总之，两种信用各具特点，相互补充、相辅相成、不可或缺。应充分利用两种信用，相互配合，从而促进经济发展。

3. 进入 21 世纪后，我国社会融资的主要方式有直接融资和间接融资两种。请阐述直接融资与间接融资的含义、各自的优缺点，并谈谈对我国的这两种融资方式的看法。

**答**：（1）含义：

在银行信用中，银行这类金融机构属于信用活动的中间环节，是金融中介。从聚集资金角度来看，它们是货币资金所有者的债务人；从贷出资金角度来看，它们是资金需求者的债权人。至于货币资金的所有者同货币资金需求者之间，在银行信用中并不发生直接的债权债务关系。这种资金运作方式称为间接融资或间接金融。

直接融资是公司、企业在金融市场上通过发行股票或债权方式，从资金所有者那里直接融通货币资金。公司债券或股票的发行者售出股票、债券，取得货币资金；资金所有者买进股票、债券，付出货币资金。债权人和债务人之间发生直接的债权债务关系。

（2）各自的优缺点：

1）间接融资的优点。间接融资操作起来灵活便利，安全性高，无论是资金需求方，还是资金供给方都只承担较小的风险，并且可以突破融资在数量方面的限制，形成规模经济。

2）间接融资的缺点。间接融资的方式割断了资金供求双方的直接联系，资金供给方不能清楚地知道资金的去向。对于资金需求方来说，这种方式筹资成本较高，参与筹资活动的中介机构还要分得一部分利润；对于资金供给方来说，投资效益较低，且较难同时满足资金供求双方各自不同要求。

3）直接融资的优点。直接融资的资金供求双方联系紧密，有利于资金快速合理配置和提高效益；有利于实现资金的顺利流通和优化配置；与间接融资相比，直接融资的筹资成本较低，投资效益更高。

4）直接融资的缺点。这种融资方式资金供求双方直接进行交易，所以在数量、期限、利率方面受限较多；便利程度及融资工具的流动性受金融市场发达程度制约；且没有中介机构的参与，资金供求双方的风险比较大。

（3）对我国两种社会融资方式的看法：

随着金融市场的不断发展，市场融资越来越依赖直接融资方式，逐渐从以间接融资为主向直、间接融资并重的情况发展。从我国的金融市场和金融机构的发展情况来看，短期内间接融资还是比较重要的融资方式，我国依然要同时重视两种融资方式的协同发展。

4. 什么是消费信用？其积极作用和消极作用有哪些？我国在利用消费信用来刺激经济发展的同时，怎样减少其消极作用的影响？

**答：**（1）消费信用：是工商企业、银行和其他金融机构向消费者个人提供的满足其消费需要的信用，提供的对象可以是商品、货币，也可以是劳务。

（2）消费信用的积极作用：促进消费商品的生产与销售，从而促进经济增长；有利于促进新技术的应用、新产品的推销以及产品的更新换代；同时也为银行资金找到新的出路，可提高资金的使用效率，改善社会消费结构。对消费者个人来讲，消费信用使其可提前享受到当时购买力达不到的商品和劳务。对整个社会来讲，消费信用有利于发挥消费指导生产的作用，有利于解决生产和消费的矛盾，并在一定程度上刺激生产的增长。大力发展社会主义消费信用，还有利于我国扩大内需政策的实施，拉动我国经济的增长。

（3）消费信用的消极作用：过度的消费信用会造成消费需求膨胀，在生产扩张能力有限的情况下，会加剧市场供求的紧张状况，促使物价上涨的繁荣；消费信用的过度发展，可能导致生产和消费之间的脱节，从而增加经济的不确定性，造成通货膨胀或债务危机。

（4）消费信用的发展固然可以促进经济的发展，但也要尽量将消费信用的消极作用降到最低。要引导消费者树立正确的消费观念，在市场供求紧张导致物价上涨的情况下，政府可以适当出手控制。在宣传消费信用的好处时，也应当让消费者认识到过度消费会使自己陷入财务危机，甚至影响到家人的生活。我国应当借鉴发达国家的成功经验，健全个人消费信用体系，进一步完善个人征信系统，落实个人信用评估制度。

# 第三章  利息和利率

**本章内容摘要**

**1. 利息、利率的定义**

利息是指在信用关系中债务人支付给债权人的报酬。它随着信用的产生而产生，只要有信用关系存在，利息就必然存在。利率是货币所有者（债权人）因贷出货币或货币资金而从借款人（债务人）处获得的报酬，是一定时期内利息额与借贷资金额（本金）的比率。

**2. 单利、复利的定义**

单利是指在计算利息额时，只按本金计算利息，而不将利息额加入本金进行重复计算。其优点是计算方便，缺点在于未充分体现资金的时间价值。复利指将利息额计入本金，重复计算利息，即利滚利。

**3. 利率种类**

利率按照不同种类可以划分为不同利率。按照表示方法可以划分为：年利率、月利率、日利率；按照借贷期限内是否浮动划分为固定利率和浮动利率；按照信用行为的期限长短可以划分为长期利率和短期利率；按照利率的真实水平可划分为名义利率和实际利率。

**4. 利率的决定理论**

主要分为马克思的利率决定理论、实际利率论、凯恩斯利率论、可贷资金理论、IS-LM 利率理论。马克思的利率决定理论讨论了利息量的多少取决于利润总额，利息率取决于平均利润率。实际利率论强调了非货币的实际因素在利率决定中的作用，利率的变化取决于投资量与储蓄量的均衡点。凯恩斯利率理论认为利率取决于货币的供求数量，货币需求取决于人们的流动性偏好。可贷资金理论认为利率是借贷资金的价格，取决于资金供求。IS-LM 模型同时考虑了收入因素和利率水平，并将商品市场和货币市场结合起来共同考虑。

5. 利率的期限结构

利率的期限结构是指风险相同、期限不同的债券与其收益率之间的关系，它可以用债券的收益率曲线来表示。

 习 题

## 一、单选题

1. 我国国债收益率高于同期限银行存款收益率，因为前者的 （　　） 风险高。

A. 违约　　　　　　B. 流动性　　　　　　C. 政策　　　　　　D. 通货膨胀

2. 实际利率为3%，预期通货膨胀率为6%，则名义利率水平应该近似地等于 （　　）。

A. 2%　　　　　　B. 3%　　　　　　C. 9%　　　　　　D. 6%

3. 如果经济处于流动性陷阱中，（　　）。

A. 公开市场活动对货币供给没有影响

B. 不会发生任何变化

C. 实际货币供给量的变动对利率没有影响

D. 利率下降对投资没有影响

4. 我们通常所说的浮动利率是指 （　　）。

A. 不随市场货币资金供求状况变化的利率

B. 名义利率低于实际利率

C. 随市场利率变化情况而进行调整的利率

D. 存款利率低于贷款利率

5. 在多种利率并存的条件下起决定作用的利率是（ ）。

A. 基准利率　　　B. 差别利率　　　C. 实际利率　　　D. 公定利率

6. 关于上海银行间同业拆放利率，不正确的表述是（ ）。

A. 是一种算术平均利率

B. 由公开市场一级交易商通过交易形成

C. 由报价行提供报价

D. 是一种批发性利率

7. 下面说法中，错误的是（ ）。

A. 凯恩斯的流动性偏好理论是从货币因素角度研究利率是如何决定的

B. 古典利率理论是从实物因素角度研究利率是如何决定的

C. IS-LM 仅从货币因素这一个角度研究利率是如何决定的

D. 可贷资金理论是综合实物因素和货币因素两个角度研究利率是如何决定的

8. 同期限公司债券与政府债券相比，票面利率一般比较高，这是对（ ）的补偿。

A. 信用风险　　　B. 政策风险　　　C. 投机风险　　　D. 利率风险

9. 下面观点不属于凯恩斯流动性偏好理论的是（ ）。

A. 货币需求取决于人们的流动性偏好

B. 在充分就业的条件下，储蓄和投资均是利率的函数

C. 货币供给是由央行决定，属于外生变量

D. 货币的供给与需求是决定利率的因素

10. 根据凯恩斯利率决定理论，利率取决于（ ）。

A. 政府　　　　　　　　　B. 市场

C. 人们对流动性的偏好　　　D. 无法确定

11. 凯恩斯的流动偏好利率理论认为（ ）。

A. 货币的供给量取决于货币当局，货币的需求量取决于人们对现金的流动偏好

B. 凯恩斯认为手持现金是利息的递减函数

C. 如果人们对流动性的偏好转弱，愿意持有货币的数量就增加

D. 如果人们对流动性的偏好强烈，货币需求下降，利率也不变

12. 如果存在通货膨胀预期，通常会造成（　　　）。

A. 名义利率上升　　B. 名义利率下降　　C. 实际利率上升　　D. 实际利率不变

13. 当名义利率高于通货膨胀率时，实际利率为（　　　）。

A. 正利率　　　　　B. 负利率　　　　　C. 零利率　　　　　　D. 无法确定

14. 通过 IS-LM 模型，商品市场中在（　　　）情况下的收入水平确定。

A. 投资等于储蓄　　　　　　　　　B. 货币需求等于货币供给

C. 投资不等于储蓄　　　　　　　　D. 货币需求不等于货币供给

15. 我们通常所说的负利率是指（　　　）。

A. 实际利率为负　　　　　　　　　B. 实际利率为正

C. 名义利率为正　　　　　　　　　D. 名义利率为负

## 二、多选题

1. 关于利率决定理论，下列说法正确的有（　　　　　）。

A. 可贷资金理论认为利率变化取决于投资流量与储蓄流量均衡

B. 流动性偏好理论认为利率水平由货币供给与货币需求均衡点来决定

C. 流动性偏好理论侧重于分析短期利率走势的变化

D. IS-LM 模型是综合考虑货币因素和实际因素后的一般均衡

E. IS-LM 模型并没有考虑任何因素

2. 凯恩斯的流动性偏好理论认为，人们的流动性偏好动机有（　　　　　）。

A. 交易动机　　　　　B. 预防动机　　　　　C. 投机动机

D. 规划动机　　　　　E. 随机动机

3. 利率的经济杠杆功能的主要表现有（　　　　　）。

A. 积累资金　　　　　B. 合理分配资源　　　　C. 抑制通货膨胀

D. 平衡国际收支　　　E. 无法确定

4. 关于利率期限结构的理论有（　　　　　）。

A. 预期理论　　　　　B. 分隔市场理论　　　　C. 流动性溢价理论

D. 凯恩斯流动性偏好理论 　　　　　E. 利率平价理论

5. IS-LM 模型认为利率水平由（　　　　　）决定。

A. 商品市场 　　　　　B. 货币市场 　　　　　C. 国际市场

D. 无法确定 　　　　　E. 国际政策

6. 按照计算利息的不同期限单位来划分，利息率可以表示为（　　　　　）。

A. 年利率 　　　　　B. 月利率 　　　　　C. 日利率

D. 固定利率 　　　　　E. 浮动利率

7. 马克思的利息理论本质包含（　　　　　）。

A. 利息直接来源于利润 　　　　　B. 利息是利润的部分并非全部

C. 利息是对剩余价值的分割 　　　　　D. 利息取决于商品市场和货币市场

E. 利息取决于人们的流动性偏好

8. 决定国内金融工具利率高低的因素有（　　　　　）。

A. 违约风险 　　　　　B. 流动性 　　　　　C. 无法确定

D. 心理预期 　　　　　E. 数量多少

9. 利率的结构理论包括（　　　　　）。

A. 利率的风险结构 　　　B. 利率的期限结构 　　　C. 利率的收益结构

D. 利率的偿还结构 　　　E. 无法确定

10. 利率的决定理论包括（　　　　　）。

A. 古典学派的储蓄—投资理论 　　　　　B. 凯恩斯的流动性偏好理论

C. 可贷资金理论 　　　D. IS-LM 模型 　　　E. 利率的风险结构

## 三、判断题

1. 实际利率可能为负值。　　　　　　　　　　　　　　　　　　（　　）

2. 在一笔十年的银行存款中，使用单利计息时的利息会比复利高。（　　）

3. 利息是指在信用关系中债务人支付给债权人的报酬。　　　　　（　　）

4. 固定利率指在借贷期限内，随市场利率的变化情况而定期进行调整的利率。　　　　　　　　　　　　　　　　　　　　　　　　　　　　　（　　）

5. 实际利率并没有剔除预期通货膨胀率。　　　　　　　　　　　（　　）

6. 名义利率并没有剔除预期通货膨胀率。　　　　　（　　）

7. 在我国多种利率并存的情况下，基准利率起到了决定作用。（　　）

8. 借贷资金理论认为，利率是由可贷资金市场中的供求关系决定的。

（　　）

9. 在多种利率并存的情况下，官定利率起到了决定性作用。（　　）

10. 当进行一笔长期存款且利率不变时，单利所带来的利息比复利多。

（　　）

11. 在复利计算的条件下，每期获得的利息在下期会成为本金，滚动计算利息。　　　　　　　　　　　　　　　　　　　　　（　　）

12. 利率的风险结构是指风险相同、期限不同的债券与其收益率之间的关系。　　　　　　　　　　　　　　　　　　　　　　（　　）

13. 一般来讲，收益率曲线大多是向上倾斜的。　　　　（　　）

14. 企业向银行申请一笔期限为 5 年的 1000 万元贷款，年利率为 8%，到期一次还本付息。通过单利计算得出到期后需要偿还 400 万元利息。（　　）

15. 差别利率指银行等金融机构对不同部门、不同期限、不同用途、不同类别的客户所制定的不同利率。　　　　　　　　　　　　（　　）

## 四、名词解释

1. 利息

2. 利率

3. 基准利率

4. 实际利率

5. 名义利率

6. 固定利率

7. 浮动利率

8. 市场利率

9. 官定利率

10. 公定利率

11. 长期利率

12. 短期利率

13. 单利

14. 复利

15. 年利率

16. 月利率

17. 日利率

18. 流动性陷阱

19. 利率的风险结构

20. 利率的期限结构

## 五、简答题

1. 解释名义利率和实际利率，并阐述可以说明二者之间的关系的公式。

2. 简述利率的作用。

3. 简述凯恩斯流动性偏好理论的内容及流动性偏好陷阱，并对流动性偏好理论进行评价。

4. 简述 IS-LM 模型的内容，并从商品市场和货币市场两个维度对其进行分析。

5. 简述利率期限结构，并列举其中三个理论。

6. 简述可贷资金理论的内容，并说明影响可贷资金的因素。

## 六、论述题

1. 请根据马克思、古典学派、凯恩斯的观点及 IS-LM 模型，任选两个阐述利率的决定机制，并结合我国现阶段金融市场的特点，阐述影响我国利率水平的因素有哪些。

2. 请根据你所掌握的知识，对利率进行分类。

3. 什么是利率市场化？分析利率市场化的必要性，并且结合我国实际情况来分析利率市场化对我国商业银行的影响。

# 参考答案

## 一、单选题

1. B　2. C　3. C　4. C　5. A　6. B　7. C　8. A　9. B　10. C　11. A　12. A
13. A　14. A　15. A

## 二、多选题

1. BCD　2. ABC　3. ABCD　4. ABC　5. AB　6. ABC　7. ABC　8. AB　9. AB
10. ABCD

## 三、判断题

1. √　2. ×　3. √　4. ×　5. ×　6. √　7. √　8. √　9. ×　10. ×　11. √
12. ×　13. √　14. √　15. √

## 四、名词解释

1. 利息

利息是在信用关系中债务人支付给债权人的报酬。它随着信用行为的产生而产生，只要有信用关系的存在，利息就必然存在。在一定意义上，利息是信用存在和发展的必然条件。

2. 利率

利率是在借贷期满所形成的利息额与借贷资本金的比率。不同的利率及相互之间的关系构成利率系统。

3. 基准利率

基准利率指在整个金融市场上和整个利率体系中处于关键地位、起决定性作用的利率。它的变化传递出中央银行银根紧缩与松动的信息，是货币政策的主要手段之一，是各国利率体系的核心，在多种利率并存的条件下起着决定性作用。

中央银行改变基准利率，直接影响商业银行的借款成本的高低，限制或鼓励信贷规模，从而影响其他金融市场的利率水平。

4. 实际利率

实际利率是指物价水平不变，即在货币购买力不变条件下的利率。

5. 名义利率

名义利率是指包括补偿通货膨胀（通货紧缩）风险的利率。

6. 固定利率

固定利率是指在整个借贷期限内，利息按借贷双方事先约定的利率计算，而不随市场上货币资金供求状况而变化。实行固定利率便于借贷双方准确地计算成本与收益，适用于借贷期限较短或市场利率变化不大的情况。

7. 浮动利率

浮动利率是指在借贷期限内，随市场利率的变化情况而定期进行调整的利率，多用于较长期的借贷及国际金融市场。浮动利率能够灵活地反映市场上资金供求状况，更好地发挥利率的调节作用；同时，由于浮动利率可以随时予以调整，有利于减少利率波动所造成的风险，从而克服了固定利率的缺陷。

8. 市场利率

市场利率是指由市场因素决定的利率，通常由借贷资本的供求关系直接决定并由借贷双方自由议定的利率。

9. 官定利率

官定利率是指由一国金融管理部门或中央银行所规定的利率。

10. 公定利率

公定利率是指由金融机构同业公会确定的利率。

11. 长期利率

一年期以上的信用行为通常称之为长期信用，相应的利率则是长期利率。

12. 短期利率

一年期以内的信用行为被称为短期信用，相应的利率即为短期利率。

13. 单利

单利是指在计算利息额时，只按本金计算利息，而不将利息额加入本金进行重复计算。其优点是计算方便，缺点是计算粗糙，未充分体现资金的时间价值。

单利终值计算公式：$FV=PV\times(1+r\times n)$；单利现值计算公式：$PV=\dfrac{FV}{(1+r\times n)}$。

14. 复利

复利是指将利息额计入本金，重复计算利息，即利滚利。复利终值：$FV=PV\times(1+r)^n$；复利现值：$PV=\dfrac{FV}{(1+r)^n}$。

15. 年利率

年利率是指以年为单位计算利息。

16. 月利率

月利率是指以月为单位计算利息。

17. 日利率

日利率是指以日为单位计算利息。

18. 流动性陷阱

流动性陷阱是凯恩斯提出的一种假说，指当一定时期利率水平降到不能再低的时候，人们就会产生利率上升而债券价格下降的预期，货币需求弹性就会变得无限大，即无论增加多少货币，都会被人们储存起来。

19. 利率的风险结构

利率的风险结构是指相同期限的债券具有不同的利率，反映债券所承担的风险大小对其收益率的影响。

20. 利率的期限结构

利率期限结构是指风险相同、期限不同的债券与其收益率之间的关系，可以用债券的收益率曲线来表示。

## 五、简答题

1. 解释名义利率和实际利率，并阐述可以说明二者之间的关系的公式。

**答**：实际利率是指物价水平不变，即在货币购买力不变条件下的利率；名义利率是指包括补偿通货膨胀（通货紧缩）风险的利率。说明二者关系的计算公式可以写成：$r=(1+i)(1+p)-1$，其中，$r$ 为名义利率，$i$ 为实际利率，$p$ 为借贷期内物价水平的变动率。

2. 简述利率的作用。

**答**：（1）从宏观角度来看，利率的作用有以下几个方面：

积累资金。利息是使用资金的报酬，通过调整利率，可以吸引社会上的闲散资本投入生产，以满足经济发展的需求。

调整信贷规模。当银行体系的贷款利率、贴现利率上升时，有利于缩小信贷规模；反之，当贷款利率、贴现利率下降时，有利于扩大信贷规模。

调节国民经济结构。通过利率的高低差别与升降，可以直接影响资金的流向，从而有目的地进行产业结构的调整，使国民经济结构更加合理。

合理分配资源。利息作为使用资金的成本，可以通过成本效应使资源在经济各部门间得到合理配置，一定的利率水平，总是促使资源向使用效率高的部门流动，从而改善了资源配置。

抑制通货膨胀。通过提高贷款利率，可以收缩信贷规模，减少货币供应量，使社会需求趋于稳定，从而有助于抑制通货膨胀。

平衡国际收支。当国际收支发生严重逆差时，可以调高本国的利率水平，从而减少资金外流，吸引资金内流，使国际收支趋于平衡。

（2）从微观的角度来看，利率的作用主要表现在：

提高企业资金使用效率。利息是企业使用资金的成本，是利润的抵减因素，为了自身利益，企业必须加强经营管理，提高资金使用效率，以减少利息的支出。

影响家庭和个人的金融资产投资。各种金融资产的收益与利率密切相关，通过调整利率，可以影响人们选择不同的金融资产。

作为租金的计算基础。现实生活中，租金的度量受到各种因素的影响，但通常是参照利率来确定的。

3. 简述凯恩斯流动性偏好理论的内容及流动性偏好陷阱，并对流动性偏好理论进行评价。

**答**：流动性偏好理论是由凯恩斯提出的，凯恩斯否认储蓄和投资决定利率的古典理论，认为储蓄和投资都是由利率决定的，而不是来确定利率的，从储蓄和投资推导利率犯了循环推理的错误。他主张利率属于货币经济范畴，而不属于实物经济范畴，利率是在货币市场中由货币需求和货币供给决定的。

（1）流动性偏好理论的内容。凯恩斯学派认为，货币的需求是一个内生变量，取决于人们的流动性偏好，利息是对放弃流动性的补偿，因此利率就是对人们的流动性偏好的衡量指标。所谓的流动性偏好就是指人们持有货币以获得流动性的意愿程度。人们的流动性偏好的动机有三个：交易动机、谨慎动机和投机动机。其中，因交易动机和谨慎动机带来的货币需求与利率没有直接关系，它是收入的函数，并且与收入成正比；而投机动机带来的货币需求与利率成反比，因为利率越高人们持有货币进行投机的机会成本也就越高。通常用 $L$ 表示交易动机和谨慎动机带来的货币需求，$L_1(y)$ 是收入 $y$ 的增函数；$L_2$ 表示投机动机带来的货币需求，$L_2(r)$ 是利率的减函数；而货币总需求为：$L=L_1(y)+L_2(r)$。

（2）流动性陷阱。流动性陷阱是凯恩斯提出的一种假说，指当一定时期利率水平降低到不能再低的时候，人们就会产生利率上升而债券价格下降的预期，货币需求弹性就会变得无限大，即无论增加多少货币，都会被人们储存起来。

（3）对流动性偏好理论的评价。优点在于从货币因素研究利率的决定规律，突破和发展了古典利率决定理论。缺陷在于凯恩斯将金融资产仅看作货币和债券，显然脱离了金融市场的实际情况；与古典利率决定理论一样，未明确指出利率水平的高低。因为利率取决于货币需求，货币需求取决于收入，收入取决于投资，投资又取决于利率，形成了一个循环推理，无法确定利率水平。

4. 简述 IS-LM 模型的内容，并从商品市场和货币市场两个维度对其进行分析。

**答**：该理论认为，古典利率决定理论和凯恩斯利率决定理论都未考虑收入水平，从而并不能得出均衡利率水平。在现实社会中，收入水平和利率水平必须同时决定，即利率水平是由商品市场和货币市场同时达到均衡时决定的。

IS-LM 模型同时考虑了收入因素和利率水平，并将商品市场和货币市场结合起来共同考虑。

在商品市场中，只有当投资等于储蓄的时候，收入水平才是确定的，否则收入必然发生相应的变动。在储蓄等于投资的条件下得到一条利率收入曲线，这条曲线就是 IS 曲线，其意义是在商品市场均衡情况 I＝S 时，各种利率与收入的组合。在这条曲线上，利率决定收入，较低的利率导致投资的增加，为了保证投资和储蓄相等，收入必须增加，这样 IS 曲线是向下倾斜的。

在货币市场中，当货币需求和货币供给相等的时候，可以得到 LM 曲线，它表示在货币市场均衡的条件下，收入对利率的决定作用。收入水平越高，货币的交易需求和谨慎需求就越大，在货币供给一定的情况下，为使货币的投机需求减少，利率势必上升，因此 LM 曲线是向上倾斜的。

IS 曲线与 LM 曲线的交点决定了市场的均衡利率水平，IS－LM 模型被认为是解释名义利率决定过程的最成功的理论。

5. 简述利率期限结构，并列举其中三个理论。

**答**：利率期限结构是指风险相同、期限不同的债券与其收益率之间的关系，它可以用债券的收益率曲线来表示。债券的收益率曲线是指在一个以利率为纵轴，期限为横轴的坐标系中，把期限不同、但风险、流动性和税收等其他因素都相同的债券收益率连成的一条曲线。收益率曲线可以分为向上倾斜的、平坦的和向下倾斜的。

其中，包含预期理论、分割市场理论、流动性溢价理论。预期理论指长期债券的利率等于在其有效期内人们所预期的短期利率的平均值。分割市场理论是将到期期限不同的债券市场看作完全独立和相互分割的。到期期限不同的每种债券的利率取决于该债券的供给和需求，具有其他到期期限的债券的预期回报率对此毫无影响。流动性溢价理论是指长期债券的利率应当等于两项之和，第一项是长期债券到期之前预期短期利率的平均值；第二项是随债券供求变动而变动的流动性溢价。

6. 简述可贷资金理论的内容，并说明影响可贷资金的因素。

**答**：（1）这是新古典学派的利率决定理论。利率是借贷资金的价格，借贷资金的价格取决于金融市场上的资金供求关系。由此，可贷资金理论认为利率是由可贷资金市场中的供求关系决定的，任何使供给曲线或需求曲线产生移动的因素都将改变均衡利率水平。需求增加（曲线向右移动）或供给减少（曲线向左移动）均使均衡利率升高；而供给增加（曲线向右移动）或需求减少（曲线向左移动）将使均衡利率下降。在现代社会，可贷资金的需求可以表现为债券的供给，可贷资金的供给可以表现为债券的需求，利率与债券价格负相关。由此，任何说明债券价格变动的原因，也可以用于解释利率变动的原因，均衡利率的决定也可以用债券市场上债券供求均衡时所决定价格对应来表示。

（2）影响可贷资金需求的因素有实际因素（包括消费者对可贷资金的需求、企业的可贷资金需求、政府对可贷资金的需求、外国对可贷资金的需求）和货币因素（货币的窖藏，即保留一部分现金在手中，不用于消费和储蓄）。影响可贷资金供给的因素，也有实际因素（国内储蓄、向国外借款）和货币因素（国内货币供给量增加、国内银行体系的信用创造）。

## 六、论述题

1. 请根据马克思、古典学派、凯恩斯的观点及 IS-LM 模型，任选两个阐述利率的决定机制，并结合我国现阶段金融市场的特点，阐述影响我国利率水平的因素有哪些。

**答**：（1）马克思认为，资本主义利息是利润的一部分，是剩余价值的一种转化形态。因此，在正常情况下，利率水平应介于零和平均利润率之间。

古典学派从实物因素角度研究利率，其基本观点是利率的变化取决于投资流量与储蓄流量的均衡。

凯恩斯学派的利率理论是一种货币理论。该理论认为利率取决于货币供求数量的对比。货币的供应量由中央银行直接控制，货币的需求量起因于三种动机，即交易动机、预防（谨慎）动机和投机动机。

IS-LM 模型从商品市场和货币市场全面均衡的角度来阐述利率的决定机制，利率是在既定的国民收入下由商品市场和货币市场共同决定的。

（2）一个国家利率水平的高低要受特定的社会经济条件制约。从我国现阶段的实际出发，决定和影响利率的主要因素有：

利润率的平均水平。社会主义市场经济中，利息仍作为平均利润的一部分，因而利息率也是由平均利润率决定的。根据我国经济发展现状与改革实践，这种制约作用可以概括为：利率的总水平要适应大多数企业的负担能力。

资金的供求状况。在我国市场经济条件下，由于作为金融市场上的商品的"价格"——利率，与其他商品的价格一样受供求规律的制约，因而资金的供求状况对利率水平的高低仍然有决定性作用。

物价变动的幅度。由于价格具有刚性，变动的趋势一般是上涨，因而怎样使自己持有的货币不贬值或遭受贬值后如何取得补偿，是人们普遍关心的问题。这种关心使从事经营货币资金的银行必须使吸收存款的名义利率适应物价上涨的幅度，否则难以吸收存款；同时也必须使贷款的名义利率适应物价上涨的幅度，否则难以获得投资收益。所以，名义利率水平与物价水平具有同步发展的趋势，物价变动的幅度制约着名义利率水平的高低。

国际经济的环境。改革开放以后，我国与其他国家的经济联系日益密切。在这种情况下，利率也不可避免地受国际经济因素的影响。

政策性因素。我国社会主义市场经济中，利率不是完全随着信贷资金的供求状况自由波动，它还取决于国家调节经济的需要，并受国家的控制和调节。

2. 请根据你所掌握的知识，对利率进行分类。

答：利率按照不同的标准，可以划分为不同的种类，常见的利率类别主要有以下几种：

（1）按照利率的表示方法可划分为年利率、月利率与日利率。根据计算利息的不同期限单位，利息率有不同的表示方法。年利率是以年为单位计算利息；月利率是以月为单位计算利息；日利率是以日为单位计算利息。通常，年利率以本金的百分之几表示，月利率按本金的千分之几表示，日利率按本金的万分之几表示。

（2）按照利率的决定方式可划分为官方利率、公定利率与市场利率。官方利率是一国金融管理部门或中央银行所规定的利率；公定利率是由金融机构同业公会确定的利率，如中国香港银行公会定期公布并要求会员银行执行的存贷款利率；市场利率是指由市场因素决定的利率，通常由借贷资本的供求关系直接决定并由借贷双方自由议定的利率。

（3）按照借贷期内利率是否浮动可划分为固定利率与浮动利率。固定利率是指在整个借贷期限内，利息按借贷双方事先约定的利率计算，而不随市场上货币资金供求状况而变化。实行固定利率对于借贷双方准确计算成本与收益十分方便，适用于借贷期限较短或市场利率变化不大的情况。但当借贷期限较长、市场利率波动较大的时期，则不宜采用固定利率。因为固定利率只要双方协定后，就不能单方面变更。在此期间，通货膨胀的作用和市场上借贷资本供求状况的变化，会使借贷双方都可能承担利率波动的风险。因此，在借贷期限较长、市场利率波动频繁的时期，借贷双方往往倾向于采用浮动利率。浮动利率是指借贷期限内，随市场利率的变化情况而定期进行调整的利率，大多用于较长期的借贷及国际金融市场。浮动利率能够灵活反映市场上资金供求状况，更好地发挥利率的调节作用；同时，由于浮动利率可以随时予以调整，有利于减少利率波动所造成的风险，从而克服了固定利率的缺陷。但由于浮动利率变化不定，使借贷成本的计算和考核相对复杂，并且可能加重贷款人的负担。

（4）按照利率的作用可划分为基准利率与差别利率。基准利率是指在多种利率并存的条件下起决定性作用的利率，当基准利率变动时，其他利率也会相应发生变化。因此，了解这种关键性利率的变动趋势，有利于把握各种利率的变化趋势。基准利率在西方国家通常是指中央银行的再贴现率或影响最大的短期资金市场利率，如美国的联邦基金利率。在我国，主要是中央银行对各金融机构的贷款利率。差别利率是指银行等金融机构对不同部门、不同期限、不同种类、不同用途和不同借贷能力的客户的存、贷款制定的不同利率。例如，我国实行的差别利率主要有存贷差别利率、期限差别利率和行业差别利率。

（5）按照信用行为的期限长短可分为长期利率和短期利率。一般来说，一年期以内的信用行为被称为短期信用，相应的利率即为短期利率；一年期以上的信用行为通常称为长期信用，相应的利率则是长期利率。短期利率与长期利率之中又有各档不同期限的利率。总的来说，在其他条件相同的情况下，较长期的利率一般高于较短期的利率。但在各种信用行为之间由于信用条件的差异，对利率水平的高低则不能简单地用期限长短进行比较。

（6）按照利率的真实水平可划分为名义利率与实际利率。在借贷过程中，债权人不仅要承担债务人到期无法归还本金的信用风险，而且还要承担货币贬值的通货膨胀风险。实际利率与名义利率的划分，主要是考虑了通货膨胀的因素。实际利率是指扣除了通货膨胀因素的利率；而名义利率则没有扣除通货膨胀因素的利率。

（7）按照利率是否带有优惠性质划分为一般利率与优惠利率。一般利率是提供给普通借款者使用的利率。优惠利率稍低于一般利率，一般提供给信誉好、经营状况良好且有发展前景的借款者，有时国家为了扶持某些行业的发展也会向一些企业提供政策性优惠利率贷款。

（8）按信用的方向划分存款利率和贷款利率。存款利率是公众和企业将资金存入银行计算利息时使用的利率。贷款利率是公众和企业从银行借出资金计算利息时使用的利率，贷款利率高于存款利率，二者之间的利差构成银行利润的一大来源。

3. 什么是利率市场化？分析利率市场化的必要性，并且结合我国实际情况来分析利率市场化对我国商业银行的影响。

**答：**（1）利率市场化的内容。利率市场化是指将利率的决策权交给市场，由市场主体自主决定利率的过程。在利率市场化的条件下，如果市场竞争充分，则任何单一的主体都不可能成为利率的单方面制定者，只可能是利率的接受者。商业银行对存贷款利率的自主定价权应是利率市场化的核心内容。由金融机构根据自身资金状况和对金融市场动向的判断来自主调节利率水平，最终形成以中央银行基准利率为基础，以货币市场利率为中介，由市场供求决定金融机构存贷款利率的市场利率体系和利率形成机制。

（2）利率市场化的必要性。从国际实践角度来看，利率市场化在实现内外均衡、保证金融资源有效配置、促进经济增长等方面起着重要的调节作用，已被世界各国采用。我国要加快建设中国特色现代金融体系，深化金融体制改革，就要扬长避短，借鉴和吸收世界各国的先进生产方式和管理经验。从外汇管理的角度来看，在资本自由流动的情况下，不仅境内和境外的外币利率没有稳定的利率差，人民币利率和境内外币利率也难以形成稳定的利率差。利率市场化改革在缩小本外币利率差额的同时，也会减轻实施外汇管制的政策压力。从中小企业的发展来看，中小企业在推动国民经济的发展、增加就业、促进产业结构调整和加快产业升级等方面扮演着重要的角色，但是目前的利率管制政策，不利于中小企业融资发展。实施利率市场化有助于改善其融资环境。从金融市场的角度来看，利率市场化的改革会促进金融衍生产品市场需求的不断增长。

（3）利率市场化给银行带来的影响。①有利于促进金融市场的完善，促进商业银行经营行为的变革，进一步落实商业银行业务经营的自主权。②有利于商业银行推出新的金融工具、产品和服务，促进商业银行业务的发展。利率市场化将导致银行传统主导业务的萎缩和非利差业务的发展。③有利于促使商业银行的经营机制发生根本性变革。利率市场化将导致银行间、金融业间的竞争加剧，加大了银行的竞争压力和经营压力。这迫使商业银行加强内部约束，健全内部风险制度，定价更加科学合理。④有利于促使银行提高金融产品的创新和服务能力。银行间的竞争不再局限于对客户资源的简单争夺，而是扩展到与存贷款及其相关的中间业务领域。

# 第四章　外汇和汇率

1. 外汇的定义

外汇是以外币表示的金融资产，可用做国际间结算的支付手段，并能兑换成其他形式的外币资产和支付手段，包括外币现钞、外币支付凭证或者支付工具、外币有价证券、特别提款权、其他外汇资产。

2. 外汇的可兑换性

外汇分为完全可兑换、不完全可兑换和完全不可兑换三种状态。目前，人民币处于不完全可兑换状态，经常项目下可兑换、资本项目部分可兑换。

3. 汇率的定义

汇率是货币相互之间的折算比率。汇率标价方法包括直接标价法和间接标价法两种，我国使用的是直接标价法。汇率可按不同的方式划分为不同的种类：单一汇率与复汇率、固定汇率与浮动汇率、官方汇率与市场汇率、名义汇率与实际汇率等。

4. 汇率制度

固定汇率制度是指汇率的制定以货币的含金量为基础，进而形成汇率之间的固定比值。浮动汇率制度是指一国的汇率并非固定，而是由自由市场的供求关系决定的制度。人民币汇率制度是以市场供求为基础，参考一篮子货币进行调节，有管理的浮动汇率制度。

5. 汇率的决定因素及理论

汇率的决定因素基本取决于两个方面：可比的基础以及供求关系。汇率决定理论包含国际借贷说、购买力平价说、汇兑心理说、货币分析说、金融资产说等。

6. 汇率的作用与风险

汇率上升（本币对外升值）或下降（本币对外贬值），将对一国的进出口、物价水平等产生影响。汇率变化可能会给交易双方带来损失或盈利，汇率风险主要包括进出口贸易的汇率风险、外汇储备风险和外债风险等，可通过远期外汇交易等方式转移和分散风险。

 习　题

一、单选题

1. 狭义的外汇是指（　　　）。

A. 以外币表示的可以用作国际清偿的金融资产

B. 把一国货币兑换为另一国货币以清偿国际债务的金融活动

C. 以外币表示的可用于国际结算的支付手段

D. 外国货币、外币支付凭证、外币有价证券

2. 按《中华人民共和国外汇管理条例》，以下不属于外汇范畴的是（　　　）。

A. 外币　　　　　　　　　　　B. 国外银行存款凭证

C. 国外房产　　　　　　　　　D. 国外股票

3. 下列不属于外汇完全可兑换的内容的是（　　　）。

A. 本币在境内可兑换为外汇，外汇可携出或汇出境外

B. 本币可自由进出境

C. 外汇可携入、汇入境内，并在境内兑换为本币

D. 日常交易中商品以外币标价和流通

4. 在采用直接标价的前提下，如果需要比原来更少的本币就能兑换一定的

数量的外国货币，这表明（　　　）。

　　A. 本币币值上升，外币币值下降，通常称为外汇汇率上升

　　B. 本币币值下降，外币币值上升，通常称为外汇汇率上升

　　C. 本币币值上升，外币币值下降，通常称为外汇汇率下降

　　D. 本币币值下降，外币币值上升，通常称为外汇汇率下降

5. 下列关于直接标价法和间接标价法的各种说法中正确的是（　　　）。

　　A. 在直接标价法下，本国货币的数额固定不变

　　B. 在间接标价法下，外国货币的数额固定不变

　　C. 在间接标价法下，本国货币的数额变动

　　D. 世界上大多数国家采用直接标价法，而美国和英国则采用间接标价法

6. 在中国外汇市场上，"1 美元 = 135. 68 日元"属于（　　　）。

　　A. 直接标价法　　　　　　　　B. 间接标价法

　　C. 美元标价法　　　　　　　　D. 以上答案都不对

7. 中间汇率是指（　　　）。

　　A. 开盘汇率和收盘汇率的算术平均数

　　B. 买入汇率和卖出汇率的算术平均数

　　C. 官方汇率和市场汇率的算术平均数

　　D. 即期汇率和远期汇率的算术平均数

8. 目前，我国实施的人民币汇率制度是（　　　）。

　　A. 固定汇率制　　　　　　　　B. 弹性汇率制

　　C. 钉住汇率制　　　　　　　　D. 管理浮动汇率制

9. 布雷顿森林体系下的汇率制度属于（　　　）。

　　A. 浮动汇率制度　　　　　　　B. 可调整的浮动汇率制度

　　C. 联合浮动汇率制度　　　　　D. 可调整的固定汇率制度

10. "汇率由两国物价水平之比决定"是（　　　）的核心观点。

　　A. 国际借贷说　　　　　　　　B. 购买力平价说

　　C. 汇兑心理说　　　　　　　　D. 金融资产说

11. 根据购买力平价理论，一国国内的通货膨胀将会导致该国货币对

外（　　）。

　　A. 升值　　　　　B. 贬值　　　　　C. 平价　　　　　D. 不确定

　　12. 以金币本位制为背景分析汇率变动因素的理论是（　　）。

　　A. 购买力平价说　　B. 汇兑心理说　　C. 国际借贷说　　D. 金融资产说

　　13. 当一国的流动债权多于流动负债，即外汇应收多于外汇应付时，会产生（　　）。

　　A. 外汇供给大于外汇需求，外汇汇率上升

　　B. 外汇供给大于外汇需求，外汇汇率下跌

　　C. 外汇供给小于外汇需求，外汇汇率下跌

　　D. 外汇供给小于外汇需求，外汇汇率上升

　　14. 假定某商品出口成本 8 元人民币，美国市场价格 1.5 美元，当美元兑人民币汇率由 1∶8 变为 1∶10 时，若该商品出口成本变为（　　）元，则物价变动抵消汇率变动影响，使出口商利润率保持不变。

　　A. 12　　　　　　B. 11　　　　　　C. 9　　　　　　D. 10

## 二、多选题

　　1.《中华人民共和国外汇管理暂行条例》所称的外汇，是指（　　　　）。

　　A. 外币现钞　　　　　B. 外币支付凭证　　　C. 外币有价证券

　　D. 特别提款权　　　　E. 美元

　　2. 在直接标价法下，本币数额增加，表示（　　　　）。

　　A. 外币币值不变　　　B. 本币升值　　　　　C. 外汇汇率下降

　　D. 本币汇率下降　　　E. 外汇汇率上涨

　　3. 在间接标价法下，外币数额减少，表示（　　　　）。

　　A. 本币币值不变　　　B. 本币贬值　　　　　C. 外汇汇率上涨

　　D. 本币汇率上涨　　　E. 外汇汇率下降

　　4. 外国货币作为外汇的前提具有（　　　　）。

　　A. 可偿性　　　　　　B. 可接受性　　　　　C. 可转让性

　　D. 可兑换性　　　　　E. 一致性

5. 人民币汇率制度的内容包括（　　　　　）。

A. 以市场供求为基础的　　　　　　B. 参考"一篮子"货币的

C. 有管理的浮动汇率制　　　　　　D. 固定汇率制

E. 爬行盯住汇率制

6. 关于固定汇率制与浮动汇率制的优缺点，说法正确的有（　　　　　）。

A. 固定汇率更易于内部协调

B. 固定汇率制需要持有更多的外汇储备应对国际游资冲击

C. 浮动汇率制有利于国际贸易和投资的发展

D. 浮动汇率制可能诱发通货膨胀

E. 浮动汇率制可能引发货币之间的竞相贬值

7. 购买力平价可以分为（　　　　　）。

A. 金平价　　　　　　　B. 铸币平价　　　　　　C. 绝对购买力平价

D. 相对购买力平价　　　E. 外汇平价

8. 汇率与进出口，下列表述正确的有（　　　　　）。

A. 本币对外贬值，可促进进口、抑制出口

B. 本币对外贬值，可促进出口、抑制进口

C. 本币对外升值，可促进出口、抑制进口

D. 本币对外升值，可促进进口、抑制出口

E. 汇率与进出口无关联性

9. 在外汇市场上，汇率是经常变动的，影响汇率变动的主要因素有（　　　　　）。

A. 利率差异和经济增长差异　　　　B. 国际市场

C. 各国国内物价上涨率的差异　　　D. 各国的宏观经济政策

E. 经营主体不同

## 三、判断题

1. 外汇就是外国的钞票和硬币。　　　　　　　　　　　　　　　（　　）

2. 直接标价法是以一定单位的外币作为标准，计算应付多少本币来表示

汇率。　　　　　　　　　　　　　　　　　　　　　　　　（　　）

3. 在直接标价法下，银行买入汇率大于卖出汇率；在间接标价法下，银行卖出汇率大于买入汇率。　　　　　　　　　　　　　　　　（　　）

4. 在直接标价法下，远期汇率大于即期汇率代表单位本国货币升值。

　　　　　　　　　　　　　　　　　　　　　　　　　　　（　　）

5. 在直接标价法下，一定单位的外币折算的本国货币增多，说明本币汇率上升。　　　　　　　　　　　　　　　　　　　　　　　（　　）

6. 在间接标价法下，一定单位的本国货币折算的外币数量增多，说明本币升值。　　　　　　　　　　　　　　　　　　　　　　　（　　）

7. 我国外汇市场上的外汇汇率是采用间接标价法。　　　　　（　　）

8. 人民币是一种可自由兑换货币。　　　　　　　　　　　　（　　）

9. 固定汇率就是两国货币的比价保持一个固定的比率。　　　（　　）

10. 浮动汇率的合法性是在牙买加体系下被确认的。　　　　（　　）

11. 在引入汇率概念后，一国货币的币值可以用另一国的货币来表示，前者习惯上称为货币的对外价值，后者习惯上称为货币的对内价值。（　　）

12. 汇兑心理说是从人的主观心理角度对汇率进行分析。　　（　　）

13. 一国货币的对内价值与对外价值有可能出现大幅度的偏离。（　　）

14. 在其他条件不变的情况下，一国的通货膨胀率越高，该国货币会贬值，反之则会升值。　　　　　　　　　　　　　　　　　　　（　　）

15. 一国货币贬值，会使出口商品的外币价格上涨，导致进口商品的价格下跌。　　　　　　　　　　　　　　　　　　　　　　　（　　）

16. 人民币兑美元的汇率由 6.3585 变为 6.5638，则人民币相对于美元贬值。

　　　　　　　　　　　　　　　　　　　　　　　　　　　（　　）

17. 本币贬值一般有利于出口、而不利于进口。　　　　　　（　　）

18. 一般来说，本币升值，能起到促进出口、抑制进口的作用。（　　）

19. 当一国的流动债权多于流动负债时，外汇的需求大于供给，因而外汇汇率上升。　　　　　　　　　　　　　　　　　　　　　　（　　）

20. 在本币对外升值的趋势下，投资者将力求持有以本币计值的各种金融资

产，引发资本内流。外汇纷纷转兑本币，外汇供过于求，会促使本币汇率进一步上升。 （　　）

## 四、名词解释

1. 直接标价法

2. 基准汇率

3. 复汇率

4. 有效汇率

5. 汇率制度

6. 购买力平价

7. 远期外汇交易

8. 外汇期权交易

9. 外汇冲销

10. 外汇管制

## 五、简答题

1. 简述浮动汇率制度的含义及优缺点。

2. 简述一国选择汇率制度所需考虑的主要因素。

3. 什么是一价定律与购买力平价，二者之间有什么关系？

4. 什么是购买力平价说？写出绝对和相对购买力平价的公式。该学说的成立有什么前提条件？

5. 简述外汇风险的三种主要类型。

## 六、论述题

1. 哪些因素影响汇率变动？

2. 论述浮动汇率制度与固定汇率制度的利弊。

3. 论述我国现阶段的汇率制度。为什么说人民币还不是完全可兑换货币？我国为何要推进资本项目可兑换？

## 参考答案

### 一、单选题

1. C  2. C  3. D  4. C  5. D  6. C  7. B  8. D  9. D  10. B  11. B  12. C
13. B  14. D

### 二、多选题

1. ABCD  2. DE  3. BC  4. ABD  5. ABC  6. BDE  7. CD  8. BD  9. ABCD

### 三、判断题

1. ×  2. √  3. ×  4. ×  5. ×  6. √  7. ×  8. ×  9. ×  10. √  11. ×  12. √
13. √  14. √  15. ×  16. √  17. √  18. ×  19. ×  20. √

### 四、名词解释

1. 直接标价法

直接标价法是以一定单位（1 或 100 或 10000 个单位）的外国货币作为标准计算应付多少本国货币来表示汇率，因此也被称为应付标价法。在直接标价法下，汇率越高，表示单位外币能换取的本国货币越多，则本国货币价值越低；汇率越低，则本国货币价值越高。

2. 基准汇率

基准汇率是本币与对外经济交往中最常用的主要货币之间的汇率，目前各国一般以美元为基本外币来确定基准汇率。

3. 复汇率

复汇率也称多重汇率，是指外汇管理当局根据不同情况和需要制定两种或两种以上的汇率。

4. 有效汇率

有效汇率是一种以某个变量为权重计算的加权平均汇率指数，它指报告期一国货币对各个样本国货币的汇率以选定的变量为权数计算出的与基期汇率之比的加权平均汇率之和。通常可以一国与样本国双边贸易额占该国对所有样本全部对外贸易额的比重为权数。有效汇率是一个非常重要的经济指标，以贸易权重比为权数计算的有效汇率所反映的是一国货币汇率在国际贸易中总体竞争力和总体波动幅度。

5. 汇率制度

汇率制度又称汇率安排，是指一国货币当局对本国汇率变动的基本方式所做的一系列安排或规定。传统上，按照汇率变动的幅度，汇率制度被分为两大类型：固定汇率制和浮动汇率制。固定汇率制是以本位货币本身或法定含金量作为确定汇率的基准，各国货币间的汇率基本固定，其波动限制在一定幅度之内的汇率制度。浮动汇率制是指一国不规定本币与外币的黄金平价和汇率上下波动的界限，货币当局也不再承担维持汇率波动界限的义务，汇率随外汇市场供求关系变化而自由上下浮动的一种汇率制度。

6. 购买力平价

人们之所以需要外国货币，是因为外国货币具有在国外购买商品的能力，而货币购买力实际上是物价水平的倒数，所以，汇率由两国物价水平之比决定，这个比被称为购买力平价。购买力平价又分为绝对购买力平价和相对购买力平价。

7. 远期外汇交易

远期外汇交易又称为"期汇交易"，是指交易双方在成交后并不立即办理交割，而是事先约定币种、金额、汇率、交割时间等交易条件，到期才进行实际交割的外汇交易。凡是交割日在成交两个营业日以后的外汇交易均属于远期外汇交易。

8. 外汇期权交易

外汇期权交易是指交易双方在规定的期间按商定的条件和一定的汇率，就将来是否购买或出售某种外汇的选择权进行买卖的交易。外汇期权交易是 80 年代初、中期的一种金融创新，是外汇风险管理的一种新方法。

9. 外汇冲销

对于国际收支顺差的国家来说，中央银行的干预措施主要是在外汇市场上买进外汇投放本币，但持续的汇率干预将导致本币投放规模过大。为防止通货膨胀，中央银行通常要进行冲销干预，理想的冲销干预是进行资产方操作。中央银行进行数量相等但方向相反的国外资产和国内资产交易，以抵消汇率干预对国内货币供给的影响，即为外汇冲销，也称冲销政策。

10. 外汇管制

外汇管制是指政府对于公民、企业，乃至政府机关取得、支用、携带、保管外汇等行为严格加以限制。

## 五、简答题

1. 简述浮动汇率制度的含义及优缺点。

**答**：（1）浮动汇率制度是指一国不规定本币与外币的黄金平价和汇率上下波动的界限，货币当局也不再承担维持汇率波动界限的义务，汇率随外汇市场供求关系变化而自由上下浮动的一种汇率制度。

（2）优点：防止外汇储备大量流失；节省国际储备；自动调节国际收支；维持经济政策的独立性；减轻通货膨胀的影响；缓解国际游资的冲击。

（3）缺点：助长投机，加剧动荡；国际贸易和国际投资的风险加大；货币战加剧；具有通货膨胀倾向；国际协调困难；对发展中国家不利。

2. 简述一国选择汇率制度所需考虑的主要因素。

**答**：一国汇率制度的选择，主要由下列经济因素决定：经济开放程度、经济规模、进出口贸易的商品结构和地域分布、国内金融市场的发达程度及其与国际金融市场的一体程度，相对的通货膨胀率。这些因素与外汇制度选择的一般关系是：经济开放程度高、经济规模小，或者进出口集中在某几种商品或某一个国家的国家，一般倾向于实行相对固定的汇率制；经济开放程度低、进出口产品多样化或地域分布分散化、同国际金融市场联系密切、资本流出入较为频繁，或国内通货膨胀与其他主要国家不一致的国家，则倾向于实行相对浮动的汇率制度。

3. 什么是一价定律与购买力平价，二者之间有什么关系？

答：一价定律是在无贸易摩擦与完全竞争的情况下，若以同一种共同货币标价，则在不同市场上销售的相同商品拥有相同的销售价格。若将一价定律中汇率与单个商品相对价格的联系转换为汇率与一篮子商品相对价格的联系，即为购买力平价。两国货币的汇率表现为两国的物价水平之比，这个比被称为购买力平价，分为绝对购买力平价和相对购买力平价。

4. 什么是购买力平价说？写出绝对和相对购买力平价的公式。该学说的成立有什么前提条件？

答：（1）人们之所以需要外国货币，是因为外国货币具有在国外购买商品的能力，而货币购买力实际上是物价水平的倒数，所以，汇率由两国物价水平之比决定，这个比被称为购买力平价，分为绝对购买力平价和相对购买力平价。

（2）绝对购买力平价：$r = P_A/P_B$。其中，$P_A$ 为 A 国物价指数；$P_B$ 为 B 国物价指数。

相对购买力平价：$r_1 = r_0 \cdot (P_{A1}/P_{B1})/(P_{A0}/P_{B0})$。$r_0$ 为基期汇率，$r_1$ 为某一时期汇率，$P_{A0}$、$P_{B0}$ 和 $P_{A1}$、$P_{B1}$ 分别为 A、B 两国在基期和某一时期的物价指数。

（3）这一学说是以两国的生产结构、消费结构，以及价格体系大体相仿为限制条件。

5. 简述外汇风险的三种主要类型。

答：外汇风险即因外汇市场变动引起汇率的变动，致使以外币计价的资产上涨或者下降的可能性。汇率变化可能会给交易双方带来损失或盈利，汇率风险主要包括进出口贸易的汇率风险、外汇储备风险和外债风险等，可通过远期外汇交易等方式转移和分散风险。

（1）进出口贸易的汇率风险。第一，外贸企业通常需要购买原材料、支付跨国运输费用等，这些费用通常是以外币计价。如果未来外币汇率上升，这可能导致企业的利润率下降，尤其是在成本占比较大的行业中。第二，从事进出口贸易的企业或政府受到汇率波动的影响。当本币升值时，出口商品的价格可能上涨，这可能导致企业在国际市场上失去竞争力。相反，本币贬值可能使企业产品的价格更具竞争力，但同时也可能导致进口商品的价格上涨。因此，汇率波动会直接影响企业的市场份额和利润水平。第三，汇率波动还会对外贸企业的资金流动产生影响。当本币贬值时，企业可能面临资金紧缺的情况，需要支付更多的本币来偿还外币债务。当本币升值时，企业在本币换算下的债务负担可能减轻，但同时也会影响企业的出口收益。

（2）外汇储备风险。外汇储备风险是一国为应付国际支付需要，维持本国货币的稳定而保持的国际储备资产，由于受到汇率变动的影响，使其出现贬值或升值风险。一国国际储备资产主要由四个部分组成：①黄金储备。一国货币当局储备的那部分黄金，不包括民间所拥有的黄金。②外汇储备。一国货币当局所能控制的国外存款和其他短期金融资产。③一国在国际货币基金组织的普通提款权。④一国在国际货币基金组织中分配到而未调用的特别提款权。一国黄金外汇储备的变化，直接受国际收支状况的影响。在当今汇率波动频繁的情况下，外汇储备以什么货币为好，是一国货币当局所必须考虑的问题。如果不注意外汇储备风险，储备的货币较为单一，一旦这种货币贬值，将会遭受重大损失。为尽可能防止外汇储备风险所造成的损失，储备的货币品种适当多元化，币值坚挺的硬货币比例可以高一些，储备资产中的特别提款权在一定程度上可以保值，减少贬值的风险，黄金本身是价值实体，持有黄金储备的国家不会因汇率变动和通货膨胀而遭受损失。

（3）外债风险。外债风险是指国家、地方政府和企业与国际金融机构、外国政府以及外国商业银行等发生借款业务时，由于汇率波动而蒙受的经济损失。可以采用远期外汇买卖、货币掉期交易、外汇期权交易等方法来防范外债风险。

## 六、论述题

1. 哪些因素影响汇率变动？

**答：**（1）国际收支。国际收支状况对一国汇率的变动会产生直接影响。一国国际收支发生顺差，就会引起外国对该国货币需求的增长与外国货币供应的增加，顺差国的币值就会上浮；相反，逆差国币值下跌。

（2）一国物价水平。物价水平会影响其商品、劳务在世界市场上的竞争能力，物价上涨一般会导致出口商品的减少和进口商品的增加，进而导致汇率的变动。同时，一国货币对内币值的下降不可避免地影响其对外价值，削弱该国货币在国际市场上的信用地位，从而导致汇率下跌。

（3）国际间利率的差异。利率差距将引起短期资金在国际间的移动。若一国发生资本内流，该国货币汇率会趋于上浮；反之，若一国发生资本外流，该国货币汇率会出现下跌。

（4）货币政策。一国货币政策特别是利率政策，是影响汇率变动的重要因素。降低利率，会引起国内的短期资本外流。反之，提高利率，将促其汇率上浮。

（5）外汇储备。一国的外汇储备如果持续增加，即外汇供应超过需求，将会导致外币贬值，本币升值。

（6）财政状况。财政状况常常是预测汇率变动的重要指标。如果一国的财政预算出现巨额赤字，这表明政府支出过度，通货膨胀和经常项目收支状况将进一步恶化，导致汇率下跌；反之，汇率将上浮。

2. 论述浮动汇率制度与固定汇率制度的利弊。

答：（1）浮动汇率制度的优点：第一，自动的调节机制。浮动汇率可以自行调节国际收支，使外汇汇率达到大致均衡。第二，明显的政策优势。在浮动汇率制度下，由于外部经济的均衡可以通过汇率的变动自行加以调节，因此政府一般不再依赖贸易管制和外汇管制来解决国际收支问题，能够充分运用其他可以使用的政策措施，集中力量实现经济增长、充分就业和公平分配等国内的经济目标。第三，较高的市场效率。浮动汇率制度可以降低平衡国际收支和干预外汇市场对各国中央银行所需持有的国际储备数量的要求，以及进行外汇市场干预的操作成本。这有助于缓和国际清偿力不足的矛盾，客观上使资源的配置和使用更加合理化。第四，对外汇市场和国际金融市场动荡的制约。汇率上下浮动所代表的是由市场供求力量变化带来的价格边际移动，这在一定程度上避免了固定汇率制度下偶尔发生的平价变更对经济造成的强烈冲击，同时还能减轻外汇市场上因贬值预期而导致的大规模短期投机资本的冲击。浮动汇率还能起到阻碍通货膨胀和经济周期国际传递的作用。

浮动汇率制度的缺点：第一，不利于国际贸易和国际投资，使进出口贸易不易准确核算成本或使成本增加。第二，助长了国际金融市场上的投机活动，使国际金融局势更加动荡。由于汇率波动幅度较大，投机者便有机可乘，通过一系列外汇交易牟取暴利；若投机者预测失误、投机失败，还会引起银行倒闭。第三，可能导致竞争性货币贬值。各国采取"以邻为壑"的政策实行贬值，在损害别国利益的前提下改善本国国际收支的逆差状况。这种做法既不利于正常贸易活动，也不利于国际经济合作。第四，可能诱发通货膨胀。

（2）固定汇率制度的优点：第一，较低程度的不确定性。固定汇率可在相当程度上避免汇率的频繁波动所带来的不确定性，以及由此带来的国际经济活动的风险。第二，较少的不稳定投机。在固定汇率制度下，汇率的波动有上下界限的限制，当汇率波动接近上下界限时，投机者大多会预测汇率将反向变动，因此投机通常是稳定性的。第三，规范政府宏观经济政策。固定汇率制度实际上起着规范一国物价的作用，使过度扩张的财政政策和货币政策的运用受到了制约。相比而言，在浮动汇率制度下，各国政府则没有相应的约束机制。

固定汇率制度的缺点：第一，在固定汇率制度下，国内经济目标服从于国际收支目标。当一国国际收支失衡时，就需要采取紧缩性或扩张性财政（货币）政策，从而给国内经济带来失业增加或物价上涨的后果。第二，在固定汇率制度下易发生通货膨胀，而物价上涨将使出口商品的成本增加，导致出口减少，国际收支出现逆差，本币币值更加不稳。为了稳定汇率，货币当局只能动用黄金与外汇储备，将其投到外汇市场中，使大量的黄金与外汇储备流失。第三，在固定汇率制度下，由于各国有维持汇率稳定的义务，从而削弱了国内货币政策的自主性。

3. 论述我国现阶段的汇率制度。为什么说人民币还不是完全可兑换货币？我国为何要推进资本项目可兑换？

答：（1）自 2005 年 7 月 21 日起，我国开始实行以市场供求为基础，参考一篮子货币进行调节，有管理的浮动汇率制度。这次人民币汇率形成机制改革的内容是，人民币汇率不再钉住单一美元，而是按照我国对外经济发展的实际情况，选择若干种主要货币，赋予相应的权重，组成一个货币篮子。同时，根据国内外经济金融形势，以市场供求为基础，参考一篮子货币计算人民币多边汇率指数的变化，对人民币汇率进行管理和调节，维护人民币汇率在合理均衡水平上的基本稳定。参考一篮子货币表明外币之间的汇率变化会影响人民币汇率，但参考一篮子不等于钉住一篮子货币，它还需要将市场供求关系作为另一重要依据，据此形成有管理的浮动汇率制度。

（2）人民币完全可兑换包括：人民币在境内可兑换为外汇；外汇可携出或汇出境外；人民币可自由出入境；外汇可携入、汇入境内，并在境内兑换为人民币；无论是居民和非居民均可在境内持有外汇；彼此之间可相互授受。人民币的完全可兑换包括经常项目的可兑换和资本项目的可兑换。1996年底，人民币就实现了在贸易等经常项目下的可兑换。目前我国已实现了资本项目部分可兑换。2016年人民币在7大类共40项资本项目交易中，已实现可兑换、基本可兑换、部分可兑换的项目共计37项，占全部交易项目的92.5%。从整体上来看，我国依然实施外汇管制，资本项目并未完全开放，因此，人民币并不是完全可兑换货币。

资本项目开放是一项系统性工程，同时涉及相关领域的多项风险防范和配套改革任务。一般来讲，实现资本项目可兑换需满足四项基本条件：稳定的宏观经济环境、完善的金融监管、充足的外汇储备和稳健的金融机构。这些前提条件是相对的，并不能完全决定资本账户开放的成败。目前，我国宏观经济环境稳定，外汇储备充足，但是金融监管水平与发达国家还存在一定差距，金融发展尚未成熟，金融体系不够健全，过早过快开放资本项目，将会给我国带来较大的风险。从国际经验来看，许多新兴市场和发展中国家在金融对外开放以后发生了国际支付危机乃至金融危机、经济危机。

（3）虽然资本项目的开放会对我国应对危机的能力提出更高要求，但如果因此止步不前，不仅无法满足实体经济以及境内外主体跨境资产配置的需求，与我国坚持金融开放的大国地位不相匹配，长期还将会削弱我国的潜在经济增长能力和国际竞争力。因此，我们需要稳步推进人民币资本项目可兑换进程。实现资本项目可兑换是构建开放型经济体制的本质要求，对支持企业"走出去"、推动人民币国际化和加快国内经济升级转型都具有重要意义。

# 第五章　金融市场

## 本章内容摘要

1. 金融市场概述

金融市场是资金借贷双方借助金融工具进行各种投融资活动的场所，通过各种投融资活动来实现金融资源的分配，并最终引导和实现社会实物资源的配置。金融市场有诸多类型，最常见的是按照市场上金融工具交易期限长短不同把金融市场划分为货币市场和资本市场；按照交割期限划分为现货市场和期货市场；按金融交易的政治地理区域划分为国内金融市场和国际金融市场；按交易产品的不同划分为外汇市场、黄金市场、保险市场等。

2. 货币市场

货币市场一般指交易期限在一年以内的短期金融交易市场，主要满足市场参与者的流动性需求。货币市场有许多子市场，如票据贴现市场、银行间拆借市场、短期债券市场、大额存单市场和回购市场等。

3. 资本市场

资本市场是指交易期限在一年以上的长期金融交易市场，主要用来满足工商企业的中长期投资需求和政府弥补财政赤字的资金需要。资本市场包括长期借贷市场（一般是银行对个人提供消费信贷，如住房按揭贷款）和长期证券市场（狭义资本市场，主要是股票市场和长期债券市场）。

4. 衍生工具市场

金融衍生工具专指由基础性的金融工具（原生性工具或资产，如存款、股票、债券等）派生或衍生出来的金融工具（如股票期货、股票期权等）。目前，国际金融市场上运用比较广泛的金融衍生工具主要有远期、期货、期权和互换四大类。

5. 投资基金

投资基金是一种利益共享、风险共担的集合投资制度，它集中投资者的资金，由基金托管人委托职业经理人员管理，专门从事证券投资活动。

6. 金融市场国际化

促成金融市场的国际化的重要因素是离岸金融市场的形成和发展。离岸金融市场是指位于某国，却独立于该国的货币与金融制度，不受该国金融法规管制的金融活动场所。

 习 题

一、单选题

1. （    ），可以把金融市场划分为现货市场和期货市场。

A. 按照金融工具交易期限长短不同    B. 按照交割期限不同

C. 按金融交易的政治地理区域不同    D. 按交易产品的不同

2. 将实际收益与资本损益共同考虑的收益率是（    ）。

A. 名义收益率    B. 最终收益率    C. 现时收益率    D. 平均收益率

3. 金融机构之间发生的短期临时性借贷活动是指商业银行的（    ）。

A. 贷款业务    B. 票据业务    C. 同业拆借业务    D. 再贴现业务

4. 下列金融工具中，无偿还期限的是（    ）。

A. 商业票据    B. 债券    C. 大额存单    D. 股票

5. 买方可在期权合约的有效期内的任何时点，以确定的价格行使购买权利或放弃该权利的期权合约是（    ）。

A. 美式看涨期权                    B. 美式看跌期权

C. 欧式看涨期权                    D. 欧式看跌期权

6. 对冲基金属于（    ）。

A. 公募基金　　　　B. 私募基金　　　　C. 封闭基金　　　　D. 开放基金

7. 风险投资基金一般对新企业新项目的（    ）进行投资。

A. 种子期　　　　B. 创业期　　　　C. 成熟期　　　　D. 衰退期

8. （    ），可以把基金划分为契约型基金与公司型基金。

A. 按照基金的法律地位的不同

B. 按基金的资金募集方式和资金来源的不同

C. 按照对投资收益与风险的设定目标的不同

D. 按照基金的投资对象（品种）的不同

9. 下列金融工具中，流动性最强的是（    ）。

A. 现金　　　　　　　　　　　B. 活期存款

C. 定期存款　　　　　　　　　D. 国库券

10. （    ）是我国货币市场规模最大，也是央行进行公开市场操作的主要场所。

A. 大额可转让存单市场　　　　B. 国债市场

C. 银行间同业拆借市场　　　　D. 国库券市场

11. 以下关于中国资本市场的描述正确的是（    ）。

A. 从发行方式来看，IPO 既是公募发行也是直接发行

B. 证券交易所内交易的股票均是上市证券

C. 证券交易所内的交易采用议价方式成交

D. 高科技企业的股票都在创业板市场发行

12. 下列不属于资本市场功能的是（    ）。

A. 筹资和融资的平台　　　　　B. 促进企业并购重组

C. 促进产业结构升级　　　　　D. 商业银行进行流动性管理的场所

13. 衍生品的基本特征不包括（    ）。

A. 杠杆效应　　　B. 高风险　　　C. 跨期交易　　　D. 存续期长

14. 下列不属于银行间拆借市场的机构的是（    ）。

A. 商业银行　　　B. 中央银行　　　C. 财政部　　　D. 证券公司

15. 根据相关法规，我国地方政府发行债券筹集的资金只能用于（ ）。

A. 经常性开支                 B. 公益性资本支出

C. 偿还银行贷款             D. 捐赠

16. 在商业票据的基础上，由银行介入承诺票据到期时履行支付义务的行为称为（ ）。

A. 担保       B. 承兑       C. 贴现       D. 互换

17. 某企业有一张 100 万元的汇票向央行申请贴现，贴现申请日是 10 月 1 日。假设汇票贴现利率为 3.0%，汇票到期日是 11 月 1 日，银行购买该票据的实付贴现额是（ ）。

A. 100 万元       B. 99.75 万元       C. 97 万元       D. 95.75 万元

## 二、多选题

1. 按交易产品的不同可以把金融市场划分为（ ）。

A. 外汇市场       B. 黄金市场       C. 保险市场

D. 证券市场       E. 二级市场

2. 货币市场有许多子市场，包括（ ）。

A. 票据贴现市场       B. 银行间拆借市场       C. 长期债券市场

D. 大额存单市场       E. 股票市场

3. 金融资产的特征主要包括（ ）。

A. 流动性       B. 收益性       C. 风险性

D. 公益性       E. 社会性

4. 金融市场的功能一般有（ ）。

A. 分散、转移风险       B. 价格确定       C. 资源配置

D. 降低交易成本       E. 提供流动性

5. 衍生金融产品的基本形式主要包括（ ）。

A. 远期合约       B. 期货合约       C. 期权合约

D. 互换合约       E. 合同合约

6. 资本市场是指交易期限在一年以上的长期金融交易市场，它包

括（          ）。

    A. 长期借贷市场　　  B. 长期证券市场　　  C. 大额存单市场

    D. 国库券市场　　    E. 回购市场

7. 外汇市场的参与者包括（          ）。

    A. 外汇银行　　    B. 外汇经纪人　　    C. 中央银行

    D. 进出口商　　    E. 外汇投机者

8. 下列属于国库券市场特征的有（          ）。

A. 由政府发行的短期国库券，期限有 3 个月、6 个月、9 个月和 12 个月

B. 国库券发行频率高

C. 采用贴现方式发行

D. 国库券市场的流动性在货币市场中是最高的

E. 到期之前可提前申请兑付

9. 下列金融产品中，可作为回购协议的对象的有（          ）。

A. 国库券　　    B. 银行承兑票据　　    C. 中央银行票据

D. 大额定期存单　　    E. 远期合约

10. 以下对证券交易所交易规则的描述中，表述正确的有（          ）。

A. 它只是为交易双方提供一个公开交易的场所，本身并不参加交易

B. 能够进入证券交易所从事交易的公司，必须取得交易所会员资格

C. 经纪人只能充当买卖双方的中间人，从事代客买卖业务，收入来自佣金

D. 交易商不能直接买卖证券，而必须委托经纪人代为买卖

E. 证券交易所内的证券交易通过竞价成交

## 三、判断题

1. 金融市场属于产品市场。    （　　）

2. 金融市场交易的对象形式上是各种金融产品，本质上是货币资金。

    （　　）

3. 金融工具、金融产品或金融资产无非是同一事物的不同表现形式。

    （　　）

4. 期限越长的金融工具其流动性也越强。　　　　　　　（　　）

5. 公司、企业在金融市场上通过发行股票或债券等有价证券筹集资金的方式是直接融资。　　　　　　　　　　　　　　　　（　　）

6. 按照市场上金融工具交易期限的长短不同把金融市场划分为货币市场和资本市场。　　　　　　　　　　　　　　　　　　（　　）

7. 从货币政策实施的角度来看，正回购是央行从市场投放流动性，而逆回购是央行向市场收回流动性。　　　　　　　　　　　（　　）

8. 金融市场发达与否是一国经济、金融发达程度及制度选择的重要标志。

（　　）

9. 在商业票据中，既有因真实商品交易发生的票据，也有无交易背景开出的票据。　　　　　　　　　　　　　　　　　　　（　　）

10. 银行间拆借市场既可拆借短期资金，又可进行长期资金的借贷。（　　）

11. 风险投资基金一般是对已上市的高风险企业进行投资。　（　　）

12. 银行间拆借市场的参与者为商业银行以及其他各类金融机构。（　　）

13. 货币市场主要用来满足工商企业的中长期投资需求和政府弥补财政赤字的资金需要。　　　　　　　　　　　　　　　　　（　　）

14. 一级市场的主要功能在于实现金融资产的流动性。　　　（　　）

15. 场内交易是指在证券交易所进行证券交易。　　　　　　（　　）

16. 一般而言，期限5年以上的债券被称为长期债券。　　　（　　）

17. 发行价格是有价证券在二级市场的交易价格，是由市场供求形成的价格。　　　　　　　　　　　　　　　　　　　　　　（　　）

18. 远期合约的交易通常是在有组织的交易所内进行，合约内容（如相关资产的种类、数量、价格、交割时间和地点等）都已标准化。　（　　）

19. 风险投资具有"低风险、高回报"的典型特征。　　　　（　　）

20. 期权这种金融衍生工具的最大魅力在于，可以使期权的卖方将风险锁定在一定的范围之内。　　　　　　　　　　　　　　　（　　）

21. 证券价格指数是描述证券市场全部股票价格水平变化的综合指标。

（　　）

22. 可转让大额存单实际上是一种比较高级的定期存款，因此它不属于货币市场的产品。　　　　　　　　　　　　　　　　　　　　（　　）

23. 国库券由于有政府信誉支持，通常被视为无风险投资工具。　（　　）

24. 住房按揭贷款的期限通常超过一年以上，因此它也是一种资本市场工具。　　　　　　　　　　　　　　　　　　　　　　　　（　　）

25. 远期合约虽然属于非标合约，也可以在证券交易所内进行交易。（　　）

## 四、名词解释

1. 金融市场

2. 流动性

3. 平均收益率

4. 直接融资

5. 间接融资

6. 资本市场

7. 回购协议

8. 风险投资

9. 对冲基金

10. 国际游资

11. 离岸金融市场

12. 开放式基金

13. 封闭式基金

14. 金融衍生工具

15. 期货

16. 期权

17. 互换

18. 中央银行票据

19. 有价证券

20. 养老基金

21. 融通票据

## 五、简答题

1. 简述金融资产的特征。

2. 什么是回购协议？它与直接地短期资金借贷方式有何不同？

3. 简述一级市场与二级市场各自的功能和相互关系。

4. 简述金融市场的类型。

5. 创业板市场形成的主要原因是什么？

6. 远期合约与期货合约有何区别？

7. 简述证券市场及其层次结构。

8. 简要分析金融衍生工具的"双刃作用"。

9. 简述投资基金的分类。

## 六、论述题

1. 试述金融市场的功能。

2. 试述风险投资的目的和作用。

3. 阐述金融市场的运作流程。

### 参考答案

## 一、单选题

1. B　2. D　3. C　4. D　5. A　6. B　7. B　8. A　9. A　10. C　11. B　12. D
13. D　14. C　15. B　16. B　17. B

## 二、多选题

1. ABCD　2. ABD　3. ABC　4. ABCDE　5. ABCD　6. AB　7. ABCDE　8. ABCD
9. ABCD　10. ABCE

## 三、判断题

1. ×　2. √　3. √　4. ×　5. √　6. √　7. ×　8. √　9. √　10. ×　11. ×

12. √　13. ×　14. ×　15. √　16. ×　17. ×　18. ×　19. ×　20. ×　21. ×

22. ×　23. √　24. √　25. ×

## 四、名词解释

1. 金融市场

金融市场是资金借贷双方借助金融工具进行各种投融资活动的场所，通过各种投融资活动来实现金融资源的分配，并最终引导和实现社会实物资源的配置。

2. 流动性

金融工具"变现"的能力，衡量其高低或强弱的指标有：变现的速度快慢（一般用期限长短即偿还期来衡量）；变现的难易程度（用变现成本的高低来衡量）。

3. 平均收益率

平均收益率是将实际收益与资本损益共同考虑的收益率。

4. 直接融资

资金直接在最终投资者和最终筹资者之间的转移，具体是指公司、企业在金融市场上通过发行股票或债券等有价证券筹集资金。

5. 间接融资

资金通过中介机构在最终投资者和最终筹资者之间的转移，具体是指以银行为中介，完成的资金集中和分配的融资方式。

6. 资本市场

资本市场是指交易期限在一年以上的长期金融交易市场，它包括长期借贷市场和长期证券市场。

7. 回购协议

回购协议指的是商业银行等金融机构在出售证券等金融资产时签订协议，约定在一定期限后按原定价格或约定价格购回所卖证券，以获得即时可用的资金。

8. 风险投资

风险投资是由职业金融家投入到新兴的、迅速发展的、有巨大竞争潜力的企业中的一种权益资本。通俗地说是指投资人将风险资本投资于新近成立或快速成长的新兴公司（主要是高科技公司），在承担很大风险的基础上，为融资人提供长期股权投资和增值服务，培育企业快速成长，其后再通过上市、兼并或其他股权转让方式撤出投资，取得高额投资回报的一种投资方式。

9. 对冲基金

对冲基金是私募基金的一种，是专门为追求高投资收益的投资人设计的高风险基金，其广泛运用期权、期货等金融衍生工具。

10. 国际游资

国际游资又称热钱、热币，是指在国际上流动性极强的短期资本，一般特指专门在国际金融市场上进行投机活动的资金。

11. 离岸金融市场

离岸金融市场是指位于某国，但是却独立于该国的货币与金融制度，不受该国金融法规管制的金融活动场所。

12. 开放式基金

开放式基金又称共同基金，其基金份额和基金规模不封闭，投资者可以随时根据需要向基金购买份额以实现投资，也可以回售份额以撤出投资。

13. 封闭式基金

发行基金份额不变，发行期满，基金规模就封闭起来，不再增加和减少股份。

14. 金融衍生工具

专指由基础性的金融工具（原生性工具或资产，如存款、股票、债券等）派生或衍生出来的金融工具（如股票期货、股票期权等）。

15. 期货

期货是指合约双方约定在未来某一日期按约定的价格买卖约定数量的相关资产。

16. 期权

期权是指期权的买方有权在约定的时期内，按照约定的价格买进或卖出一定数量的相关资产，也可以根据需要放弃行使这一权利。为了取得这种权利，期权合约的买方必须向卖方支付一定数额的费用（即期权费）。

17. 互换

互换也译作掉期、调期，是指交易双方在合约有效期内，以事先确定的名义本金额为依据，按照约定的支付率（利率、股票指数收益率等）相互交换支付的约定。

18. 中央银行票据

中央银行票据又称央行票据或央票，是中央银行向商业银行发行的短期债务凭证，其目的是调节商业银行的超额准备金。

19. 有价证券

有价证券简言之是有价值的证券。严格意义上指一种具有一定票面金额，证明持券人有权按期取得一定收入，并可自由转让和买卖的所有权或债权证书，通常简称为证券。主要形式是股票和（长期）债券。

20. 养老基金

养老基金是一种用于支付退休收入的基金，是社会保障体系的一部分。通过发行基金份额或受益凭证，募集社会上的养老保险资金，委托专业基金管理机构用于产业投资，以实现保值增值的目的。

21. 融通票据

融通票据是指无交易背景，只是单纯以融资为目的而发行的票据。

## 五、简答题

1. 简述金融资产的特征。

**答：**（1）货币性或流动性。"流动性"指金融工具"变现"的能力，衡量金融工具流动性高低或强弱的指标有如下两个：一是变现的速度快慢；二是变现的难易程度。

（2）风险性。指购买金融资产的本金有无遭受损失的风险。理论上，任何一种金融资产皆有风险，仅大小不同而已。

（3）收益性。通常用"收益率"表示，是指持有金融资产产生的收益与本金之比。一般而言，收益率有三种表示方法，即名义收益率、现时收益率和平均收益率。

2. 什么是回购协议？它与直接的短期资金借贷方式有何不同？

**答：** 回购协议是指商业银行等金融机构在出售证券等金融资产时签订协议，约定在一定期限后按原定价格或约定价格购回所卖证券，以获得即时可用的资金。

作为短期资金借贷的方式，回购协议与其他直接的短期资金借贷方式的不同之处主要在于，回购协议实际上是以回购对象（有价证券）作为担保的资金借贷，因此安全程度高。

3. 简述一级市场与二级市场各自的功能和相互关系。

**答：** （1）一级市场（初级市场）是组织证券发行业务的市场。在一级市场上，筹资者可以通过发行股票和债券等有价证券筹集所需资金。所以，证券初级市场的主要功能是筹资。

（2）二级市场（交易市场）是指买卖已发行的证券的市场。在二级市场上，证券持有者可通过出售证券变现来获得即时可用资金，所以二级市场的主要功能在于实现金融资产的流动性。

（3）一级市场与二级市场有着紧密的相互依存关系。初级市场是二级市场存在的前提，没有证券发行，自然谈不上证券的再买卖。有了发行市场，还必须有二级市场；否则，新发行的证券就会由于缺乏流动性而难以推销，从而导致初级市场萎缩，以致无法存在。

概括而言，一级市场是二级市场存在的基础，二级市场是一级市场得以发展和完善的重要保障，对一个完善的金融市场而言，二者缺一不可。

4. 简述金融市场的类型。

**答：** 金融市场的类型有：

（1）最常见的是按照市场上金融工具交易期限长短的不同，把金融市场划分为货币市场和资本市场；

（2）按照交割期限划分为现货市场和期货市场；

（3）按金融交易的政治地理区域划分为国内金融市场和国际金融市场；

（4）按交易产品的不同划分为外汇市场、黄金市场和保险市场等。

5. 创业板市场形成的主要原因是什么？

答：资本市场的最重要功能之一是筹资，主要用来满足工商企业的中长期投资需求和政府弥补财政赤字的资金需要。传统上，由于创业企业大多成立时间较短，规模较小，业绩也不突出，无法满足主板市场上市条件要求。故在交易所主板市场以外设立一个证券市场，为新兴公司（创业企业）提供融资途径，创业板市场因此设立。

6. 远期合约与期货合约有何区别？

答：远期合约与期货合约的主要区别：

（1）远期合约的交易一般规模较小，较为灵活，交易双方易于按照各自的愿望对合约条件进行磋商（非标准化合约）。

（2）期货合约的交易是在有组织的交易所内进行，合约内容（如相关资产的种类、数量、价格、交割时间和地点等）都已标准化。

7. 简述证券市场及其层次结构。

答：证券市场即有价证券的发行和交易的场所，按证券进入市场的顺序而形成的结构关系，可分为发行市场和交易市场。

（1）发行市场（初级市场）是组织证券发行业务的市场，主要功能为筹资。

（2）二级市场（交易市场）是指买卖已发行的证券的市场，主要功能在于实现金融资产的流动性。

8. 简要分析金融衍生工具的"双刃作用"。

答：金融衍生工具的创造和发展，针对形形色色的金融风险，有了灵活方便、极具针对性的规避策略和方法，且交易成本日趋降低，有力地促进了金融经济的发展。

但是，金融衍生工具的发展也促成了巨大的世界性投机活动。衍生工具交易实行保证金制度，在这种交易中的保证金是用以承诺履约的资金，相对于交易金额，对保证金所要求的比例通常不超过10%。因而投机资本往往可以支配5~10

倍于自身的资本进行投机操作，即"高杠杆化"。所以，成功的投机，可以获得极高的收益；而一旦失败，则会造成严重后果。

9. 简述投资基金的分类。

**答**：投资基金有诸多类型，按照基金的法律地位分为契约型基金和公司型基金；其按基金份额可否赎回又分为开放式基金和封闭式基金两种；按基金的资金募集方式和资金来源划分为公募基金和私募基金；按照对投资收益与风险的设定目标划分收益基金、增长基金、收益与增长混合基金；按照基金的投资对象（品种）不同划分为债券基金、股票基金、混合基金和货币市场基金等。

## 六、论述题

1. 试述金融市场的功能。

**答**：金融市场的主要功能包括：

（1）帮助实现资金在盈余部门和短缺部门之间的调剂。在良好的市场环境和价格引导下，有利于实现金融资源的最佳配置。

（2）实现风险的分散和转移。通过金融资产的交易，对于局部来说，风险由于分散、转移到别处而在局部消失；但对总体来说，并非消除了风险。

（3）确定价格。金融资产均有票面金额，但是很多金融资产的票面标注金额并不能代表其内在价值。每一股股票的价值是多少，只有通过金融市场交易中买卖双方相互作用的过程才能被"发现"。

（4）提供流动性。金融市场提供流动性，是指它为投资者提供了一种出售金融资产的机制。投资者以货币资金换取相应的金融资产之后，可能因为种种原因需要将金融资产变现。金融市场的一个重要功能就是提供流动性，即金融资产交易变现或赎回的渠道和机制。

（5）降低交易的搜寻成本和信息成本。搜寻成本是指为寻找合适的交易对方所产生的成本；信息成本是在评价金融资产价值的过程中所发生的成本。由于金融市场是专门从事这方面的中介，可以使市场的参与者大大降低这方面的支出。同时，众多的专业服务机构之间存在业务竞争，还可以使搜寻成本和信息成本不断降低。

2. 试述风险投资的目的和作用。

**答:**（1）风险投资是由职业金融家投入到新兴的、迅速发展的、有巨大竞争潜力的企业中的一种权益资本。通俗地说是指投资人将风险资本投资于新近成立或快速成长的新兴公司（主要是高科技公司），在承担很大风险的基础上，为融资人提供长期股权投资和增值服务，培育企业快速成长，其后再通过上市、兼并或其他股权转让方式撤出投资，取得高额投资回报的一种投资方式。

（2）目的。风险投资虽然是一种股权投资，但投资的目的并不是为了获得企业的所有权，不是为了控股，更不是为了经营企业，而是通过投资和提供增值服务把被投资企业做大，然后通过公开发行（IPO）、兼并收购或其他方式退出，在产权流动中实现高额的投资回报。传统上，风险投资只对处于成长早期或创业初期的企业或项目进行投资，故又称之为"创业投资"，与其他投资方式相比风险极大。所以风险投资具有"高风险、高回报"的典型特征。

（3）作用。①从宏观上来看，风险投资在培育企业成长，促进一国的经济乃至全球经济的发展过程中都起着十分重要的作用。它可以推动科技成果尽快转化为生产力，促进技术、管理和制度的创新，促进产业升级和经济变革，对于新兴行业的发展也有很大的促进作用。②从微观上来看，风险投资不仅为企业提供了资金支持，还可以帮助企业优化组织架构，提高产品质量和服务水平，推动企业的创新和发展，扩大就业机会。

3. 阐述金融市场的运作流程。

**答:**（1）金融市场是资金借贷双方借助金融工具进行各种投融资活动的场所，通过各种投融资活动来实现金融资源的分配，并最终引导和实现社会实物资源的配置。

（2）金融市场的交易是在市场参与者之间进行的。依据市场参与者的交易特征，它们可以分为最终投资人、最终筹资人和中介机构三类。最终投资人可以是个人、企业、政府和国外部门；最终筹资人的构成亦如是；中介机构是专门从事金融活动的金融机构，包括商业银行、保险公司、投资银行等。

（3）关于金融市场运作流程（见图5-1），按照资金融通（从最终投资者运动到最终的筹资者手中）的渠道和方式的不同，可简单概括为直接融资与间接融资。

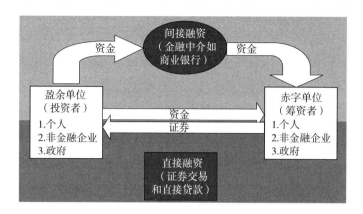

**图5-1 金融市场运作流程**

1）间接融资是资金通过中介机构在最终投资者和最终筹资者之间的转移。具体是指以银行为中介，完成的资金集中和分配的融资方式。在这一融资方式下，资金的借贷双方并不直接进行借贷、构建债权债务关系，而是分别与银行建立债权债务关系。在此融资方式下，资金通过银行从贷出者手中间接地转移到借入者手中，所以形象地称之为"间接融资"。

2）直接融资是资金直接在最终投资者和最终筹资者之间的转移。具体是指公司、企业在金融市场上通过发行股票或债券等有价证券筹集资金。在此融资方式下，资金从贷出者手中直接运动到筹资者手中，所以形象地称之为"直接融资"。

# 第六章　存款货币银行

## 本章内容摘要

1. 存款货币银行

存款货币银行又称为商业银行。传统上，它以经营工商存款、放款为主要业务，并为客户提供多种金融服务，是最典型的间接融资信用中介。

2. 商业银行业务

一般而言，现代商业银行业务包括资产、负债和表外三大部分。资产业务指商业银行将自己通过负债业务所集聚的货币资金加以运用的业务，主要包括准备金资产、贷款、证券投资资产和其他资产四个部分。中间业务指银行不需要运用自己的资金而代理客户承办支付和其他委托事项，并据以收取手续费的业务，如汇兑、代收付、代客买卖等（无风险业务）。负债业务是商业银行形成资金来源的业务，其全部资金来源包括自有资本和吸收的外来资金两部分。其中，存款是最主要的资金来源，其他负债包括从中央银行借款、向国际货币市场借款、银行同业拆借、结算过程中的短期资金占用和发行金融债券等。表外业务指凡未列入资产负债表内，不影响资产负债总额的业务。

3. 商业银行经营原则

商业银行经营原则简称为"三性原则"，包括营利性、流动性、安全性。"三性原则"之间的关系既对立又统一，"三性原则"的协调是"在保证资金安全和流动的前提下追求最大限度的利润"。

4. 不良债权

"贷款五级分类"是按照贷款发放后的质量好坏、安全程度的不同，把贷款划分为正常、关注、次级、可疑和损失五大类（后三类合称为不良贷款）。

5. 存款保险制度

存款保险制度是一种对存款人利益提供保护、稳定金融体系的制度安排。自2015 年 5 月 1 日起，我国正式颁布实施《存款保险条例》，它标志着我国存款保险制度的建立。2019 年 5 月 24 日，存款保险基金管理有限责任公司成立。

6. 金融创新

简言之，金融创新是金融业内的各种创造性变革。金融创新的主要原因包括避免风险的创新、技术进步推动的创新和规避行政管理的创新。

 习　题

一、单选题

1. （　　）的成立，标志着现代银行制度的建立。

A. 威尼斯银行　　　　　　　　B. 英格兰银行

C. 米兰银行　　　　　　　　　D. 阿姆斯特丹银行

2. 我国出现的第一家现代商业银行是（　　）。

A. 户部银行　　B. 丽如银行　　C. 中国通商银行　D. 中国银行

3. 中国自办的第一家银行是 1897 年成立的（　　），它标志着中国现代银行业的创始。

A. 户部银行　　B. 交通银行　　C. 渤海银行　　D. 中国通商银行

4. 1948 年 12 月 1 日，（　　）设立标志着新中国金融体系的建立。

A. 中国人民银行　　　　　　　B. 中国工商银行

C. 中国农业银行　　　　　　　D. 中国银行

5. 分业经营作为一种金融运行模式，最早是由（　　）创立的。

A. 英国　　　　B. 美国　　　　C. 法国　　　　D. 德国

6. 商业银行的对外负债中，最重要的资金来源是（　　）。

A. 存款　　　　　　　　　　B. 向中央银行借款

C. 同业拆借　　　　　　　　D. 发行金融债券

7. 商业银行各项资产中，（　　）是商业银行传统的最重要的资金运用方式。

A. 贷款资产　　B. 准备金资产　　C. 证券资产　　D. 固定资产

8. 在商业银行经营管理理论演变的过程中，把管理的重点主要放在资产流动性上的是（　　）理论。

A. 资产管理　　　　　　　　B. 负债管理

C. 资产负债综合管理　　　　D. 全方位管理

9. "通过资产和负债两方面的同时操作来获得银行经营的流动性，进而达到并实现三性原则的要求"是（　　）的核心思想。

A. 资产管理理论　　　　　　B. 负债管理理论

C. 资产负债综合管理理论　　D. 风险管理理论

10. "由于金融市场的一些重要变量（如利率、汇率、股价等）的变动导致银行的头寸面临损失的风险。"描述的是（　　）。

A. 信用风险　　B. 市场风险　　C. 流动性风险　　D. 操作风险

11. 居于其他金融机构所不能代替的重要地位，并具有创造存款货币作用的银行是（　　）。

A. 专业银行　　B. 商业银行　　C. 政策银行　　D. 中央银行

12. 我国于（　　）正式颁布实施《存款保险条例》，它标志着我国存款保险制度的建立。

A. 1948 年 12 月 1 日　　　　B. 1995 年 5 月 1 日

C. 2015 年 5 月 1 日　　　　D. 2019 年 5 月 1 日

13. 就金融创新的方式而言，"资产证券化"属于（　　）类的创新。

A. 避免风险　　B. 技术进步推动　　C. 规避行政管理　　D. 追求利润

14. 1999 年，美国通过了（　　），废除了分业经营的制度模式，转而实行混业经营，这一变革标志着混业经营成为 21 世纪世界各国金融业经营模式的主流。

A.《格拉斯·斯蒂格尔法》　　B.《证券交易法》

C.《金融服务现代化法案》　　D.《紧急银行法》

15. 相比较而言，（　　）是商业银行面临的最主要的风险类型。

A. 信用风险　　B. 市场风险　　C. 操作风险　　D. 国家风险

16. 根据我国现行《存款保险条例》的规定，我国存款保险的偿付上限为（　　）人民币。

A. 10 万元　　B. 20 万元　　C. 30 万元　　D. 50 万元

17. 如果借款人的还款能力出现了明显的问题，依靠其正常经营收入已经无法保证足额偿还本息，那么该笔贷款属于五级分类法中的（　　）。

A. 关注类　　B. 次级类　　C. 可疑类　　D. 损失类

18. 金融机构适应经济发展需求最早产生的功能是（　　）。

A. 融通资金　　　　　　B. 支付结算服务

C. 降低交易成本　　　　D. 风险转移与管理

19. 负责协调各成员国中央银行的关系，故有"央行中的央行"之称的机构是（　　）。

A. 世界银行　　　　　　B. 国际货币基金组织

C. 欧洲中央银行　　　　D. 国际清算银行

20. 存款货币银行习惯上称为（　　）。

A. 专业银行　　B. 商业银行　　C. 政策银行　　D. 中央银行

21. 商业银行不良债权的出现（　　）。

A. 取决于市场　　　　　B. 是由商业银行决定的

C. 是由客户行为决定的　　D. 是不可避免的

22. 下列中国常见的商业银行中，性质明显不同的是（　　）。

A. 中国工商银行　　　　B. 交通银行

C. 中国农业发展银行　　D. 招商银行

23. 以下属于商业银行表外业务的是（　　）。

A. 发放贷款　　B. 提供支付结算　　C. 发行债券　　D. 吸收存款

24. 我国在 1995 年颁布的《中华人民共和国商业银行法》中确立了严格的（　　）原则。

　　A. 分业经营　　　　B. 混业经营　　　　C. 全面经营　　　　D. 政府主导

25. "交易对手不愿意或不能够履行契约的责任，导致另一方资产损失的风险"是（　　）。

　　A. 市场风险　　　B. 信用风险　　　C. 法律风险　　　D. 操作风险

26. 中国商业银行法规定，商业银行贷款应遵守资本充足率不得低于（　　）的规定。

　　A. 4%　　　　　B. 8%　　　　　C. 10%　　　　　D. 12.5%

## 二、多选题

1. 商业银行的作用包括（　　　　　）。

　　A. 充当企业之间的信用中介　　　　　B. 充当企业之间的支付中介

　　C. 变社会各阶层的积蓄和收入为资本

　　D. 创造信用流通工具　　　　　E. 利润最大化

2. 20 世纪 70 年代以来，全球爆发了大规模的金融创新浪潮，究其原因主要有（　　　　　）。

　　A. 经济现代化　　　　B. 避免风险　　　　C. 技术进步推动

　　D. 规避行政管理　　　E. 经济全球化

3. 贷款五级分类中的（　　　　　）合称为不良贷款。

　　A. 正常类　　　　　B. 关注类　　　　　C. 次级类

　　D. 可疑类　　　　　E. 损失类

4. 商业银行的资本金包括（　　　　　）。

　　A. 库存现金　　　　B. 超额准备金　　　　C. 股本

　　D. 公积金　　　　　E. 未分配利润

5. 下列风险中属于市场风险的有（　　　　　）。

　　A. 利率风险　　　　B. 汇率风险　　　　C. 操作风险

　　D. 股票价格风险　　E. 商品价格风险

6. 下列属于商业银行的中间业务的有 （ ）。

A. 承兑　　　　　　B. 代理　　　　　　C. 信托

D. 租赁　　　　　　E. 银行卡业务

7. 存款货币银行的经营原则包括 （ ）。

A. 营利性　　　　　B. 流动性　　　　　C. 社会性

D. 安全性　　　　　E. 公益性

8. 商业银行的资金来源包括 （ ）。

A. 自有资金积累　　B. 各项存款　　　　C. 同业借款

D. 发行金融债券　　E. 中长期贷款

9. 属于存款货币银行资产业务的有 （ ）。

A. 贴现　　　　　　B. 贷款　　　　　　C. 证券投资

D. 发行金融债券　　E. 担保

10. 存款货币银行据以获取收益的业务种类有 （ ）。

A. 负债业务　　　　B. 资产业务　　　　C. 中间业务

D. 表外业务　　　　E. 政策性业务

11. 商业银行的资产业务是指其运用资金的业务，商业银行的现金资产主要包括 （ ）。

A. 库存现金　　　　B. 存放在中央银行的超额准备金

C. 同业存放的款项　D. 贴现　　　　　　E. 托收中的现金

12. 1994 年，为适应金融机构体系改革的需要，使政策性金融与商业性金融相分离，我国相继成立了 （ ） 政策性银行。

A. 交通银行　　　　B. 国家开发银行　　C. 中国民生银行

D. 中国进出口银行　E. 中国农业发展银行

13. 按照相关规定，我国的存款货币银行包括 （ ） 等金融机构。

A. 国有商业银行　　B. 中国农业发展银行　C. 地方性商业银行

D. 信用合作社　　　E. 财务公司

14. 2004 年的《巴塞尔协议Ⅱ》将银行风险细分为 （ ） 等。

A. 信用风险　　　　B. 市场风险　　　　C. 操作风险

D. 流动性风险　　　　E. 法律风险

15. 狭义的表外业务包括（　　　　　　）。

A. 担保　　　　　　　B. 贷款承诺　　　　　C. 票据发行便利

D. 汇兑　　　　　　　E. 代收

## 三、判断题

1. 最早的股份制银行出现在 20 世纪末的英国。　　　　　　　（　　　）

2. 对我国而言，现代意义上的银行是"舶来品"。　　　　　　（　　　）

3. 实行混业经营模式，意味着商业银行可以从事非金融业务。（　　　）

4. 网络银行通常只有一个办公地址，无分支机构、无营业网点，几乎所有的业务都通过互联网进行。　　　　　　　　　　　　　　　（　　　）

5. 美国混业经营的主要形式就是金融控股公司和银行持股公司。（　　　）

6. 银行业是一个高风险的行业，出现不良债权不可避免。　　（　　　）

7. 存款保险制度可能促成的风险，大多属于道德风险。　　　（　　　）

8. 我国存款保险制度的建立，有助于强化国有商业银行体系背后的国家隐性担保。　　　　　　　　　　　　　　　　　　　　　　（　　　）

9. 在我国，储蓄存款主要是针对居民个人的货币积蓄而开办的一种存款业务。　　　　　　　　　　　　　　　　　　　　　　　　（　　　）

10. 分业经营限制了商业银行的业务经营活力，不利于提高资金的配置与使用效率。　　　　　　　　　　　　　　　　　　　　　　（　　　）

11. 一般来说，流动性较强的资产收益性也较高。　　　　　　（　　　）

12. 贴现业务形式上是票据的买卖，但实际上是信用业务。　　（　　　）

13. 存款保险制度会削弱市场规则在抑制银行风险方面的积极作用。（　　　）

14. 商业银行的经营原则，即"三性原则"，是具有完全内在统一性的整体。
　　　　　　　　　　　　　　　　　　　　　　　　　　（　　　）

15. 按照相关法律规定，目前我国商业银行证券投资业务的对象仅限于政府债券。　　　　　　　　　　　　　　　　　　　　　　　　（　　　）

16. 商业银行中间业务属于广义表外业务中的无风险业务。　　（　　　）

17. 股东对银行经理做出评价时，通常依据的是资本收益率（ROE）指标。

（　　）

18. 一般而言，商业银行经营的安全性与流动性是正相关的。 （　　）

19. 商业银行开展中间业务的收益主要表现为利息收入。 （　　）

20. 按照国家有关规定，经中国人民银行批准，符合条件的商业银行可以通过发行次级债补充资本金。 （　　）

21. 开立定期存款账户的目的是为了通过银行进行各种支付结算。 （　　）

## 四、名词解释

1. 分业经营

2. 混业经营

3. 金融创新

4. 资产证券化

5. 网络银行

6. 负债业务

7. 资产业务

8. 中间业务

9. 广义表外业务

10. 银行经营的流动性

11. 压力测试

12. 信用风险

13. 市场风险

14. 操作风险

15. 存款保险制度

16. 互联网金融

17. 职能分工型银行

18. 贷款五级分类

## 五、简答题

1. 简述商业银行的作用。

2. 简述商业银行负债业务及其构成。

3. 简述商业银行资产业务及其构成。

4. 简述中间业务与表外业务的区别与联系。

5. 简述贷款五级分类的基本标准。

6. 阐明引发金融创新的直接原因。

7. 阐述存款货币银行经营管理理论的发展。

8. 阐述存款货币银行面临的金融风险。

## 六、论述题

1. 试述存款保险制度的功能以及存在的问题。

2. 论述商业银行经营管理的"三性原则"及其相互联系。

3. 试比较分业经营与混业经营两种模式的优劣,谈谈你对我国金融运行模式未来选择的看法。

## 参考答案

### 一、单选题

1. B  2. B  3. D  4. A  5. B  6. A  7. A  8. A  9. C  10. B  11. B  12. C  13. A  14. C  15. A  16. D  17. B  18. B  19. D  20. B  21. D  22. C  23. B  24. A  25. B  26. B

### 二、多选题

1. ABCD  2. BCD  3. CDE  4. CDE  5. ABDE  6. ABCE  7. ABD  8. ABCD  9. ABC  10. BCD  11. ABCE  12. BDE  13. ABCDE  14. ABCDE  15. ABC

## 三、判断题

1. × 2. √ 3. × 4. × 5. √ 6. √ 7. √ 8. × 9. √ 10. √ 11. × 12. √
13. √ 14. × 15. × 16. √ 17. √ 18. √ 19. × 20. √ 21. ×

## 四、名词解释

1. 分业经营

分业经营就是指对金融机构的业务范围进行某种程度的"分业"管制。一般是指传统的银行业和证券业分工明确，机构独立，业务范围独立。

2. 混业经营

混业经营是银行业和证券业之间没有明确分工，金融机构经营全面的金融业务。

3. 金融创新

金融创新是金融业内的各种创造性变革。具体来说，为适应经济发展的需要，突破金融业传统经营局面，在金融工具、技术、市场、组织管理和经营思想方面进行的创新和变革。金融创新是 20 世纪 70 年代以来西方发达国家金融业内普遍出现的一种趋势。

4. 资产证券化

资产证券化是指将缺乏流动性的资产转换为可以在金融市场上出售的有价证券的行为，它可以提前收回流动性，并且具有分散和转移风险的功能。

5. 网络银行

网络银行又称网上银行、在线银行，是指通过互联网或其他电子传输渠道，提供各种金融服务新型银行。

6. 负债业务

负债业务是商业银行形成资金来源的业务，商业银行的全部资金来源包括自有资本（股本、公积金和未分配利润）和吸收的外来资金两部分。

7. 资产业务

资产业务指商业银行将自己通过负债业务所集聚的货币资金加以运用的业

务，主要包括准备金资产、贷款（包括贴现，是传统的、最重要的资金运用）、证券投资资产和其他资产（如固定资产）四个部分。

8. 中间业务

中间业务是指凡银行不需要运用自己的资金而代理客户承办支付和其他委托事项，并据以收取手续费的业务。如汇兑、代收付、代客买卖等（无风险业务）。

9. 广义表外业务

广义表外业务既包括传统中间业务，又包括虽未列入资产负债表内，不影响资产负债总额，但却能够为银行带来额外收益，同时也使银行承受额外风险的经营活动，如担保、贷款承诺、金融衍生等。狭义表外业务一般指表外有风险的业务（如担保等）。

10. 银行经营的流动性

银行经营的流动性是指商业银行能够随时满足客户提取存款，以及满足客户合理的贷款需求的能力。

11. 压力测试

压力测试是一种以定量分析为主的风险分析方法，通过测算银行在遇到假定的小概率事件等极端不利情况下可能发生的损失，分析这些损失对银行盈利能力和资本金带来的负面影响，从而对单家银行、银行集团和银行体系的脆弱性做出评估与判断，并采取必要的措施。

12. 信用风险

信用风险是指银行的客户或交易对手无力履约的风险，是银行面临的最主要风险。

13. 市场风险

市场风险是由于金融市场的一些重要变量（如利率、汇率、股价等）的变动导致银行的头寸面临损失的风险。

14. 操作风险

操作风险是指银行内部控制、信息系统的缺陷以及公司治理机制失效导致的风险，这类风险是由于人为错误、系统失灵、不正确的流程和无效的监督等原因造成的。

15. 存款保险制度

存款保险制度是一种对存款人利益提供保护、稳定金融体系的制度安排。存款保险制度起源于 20 世纪 30 年代，美国是西方国家中最早建立存款保险制度的国家。

16. 互联网金融

互联网金融是指通过计算机、手机等设备，依托互联网发出支付指令、转移货币资金的服务，包括通过银行金融机构（如银行卡支付）与第三方支付。

17. 职能分工型银行

职能分工型银行指的是在分业经营模式下，商业银行经营金融业务受到一定的分业经营和分业监管。

18. 贷款五级分类

由 IMF 推荐世界各国对贷款债权质量进行分类的方法，要求商业银行按照贷款发放后的质量好坏、安全程度的不同，把贷款划分为正常、关注、次级、可疑和损失（后三类合称为不良贷款）五大类。最后，根据贷款划分的五级形态，按不同比例分别提取呆账准备金。

## 五、简答题

1. 简述商业银行的作用。

**答：**（1）充当企业之间的信用中介。商业银行通过吸收存款，动员和集中社会上闲置的货币资本，再通过贷款或投资方式将这些货币资本提供给经营产业的资本家使用，银行成为货币资本贷出者与借入者之间的中介。这有助于充分利用现有的货币资本。

（2）充当企业之间的支付中介。商业银行通过为各个资本家开立账户，充当资本家之间货币结算与货币收付的中间人。在这里，商业银行是以资本家的账户和出纳的资格出现的，由此可加速资本周转。

（3）变社会各阶层的积蓄和收入为资本。将原来预定用于消费的积蓄和收入，通过银行汇集起来，提供给企业家作为资本运用。这可以扩大社会资本总额。

（4）创造信用流通工具。在上述各项业务的基础上，商业银行成为银行券和存款货币的创造者。

2. 简述商业银行负债业务及其构成。

答：负债业务是商业银行形成资金来源的业务，商业银行的全部资金来源包括自有资本和吸收的外来资金两部分。

（1）自有资本：股本、公积金和未分配利润。

（2）吸收外来资金。①存款：是最主要的资金来源，一般分为活期、定期和储蓄（我国特指对居民个人）存款三种。②其他负债：包括从中央银行借款和向国际货币市场借款、银行同业拆借、结算过程中的短期资金占用和发行金融债券等。

3. 简述商业银行资产业务及其构成。

答：资产业务是指商业银行将自己通过负债业务所集聚的货币资金加以运用的业务。主要包括：

（1）准备金资产（现金资产）：核心是库存现金和在中央银行的存款（法定准备和超额准备），也包括在同业的存款和托收中的现金等。

（2）贷款（包括贴现）：是商业银行传统的、最重要的资金运用。

（3）证券投资资产：是商业银行以其资金投资于各种证券业务形成的资产。

（4）其他资产（如固定资产）。

4. 简述中间业务与表外业务的区别与联系。

答：中间业务是银行不需要运用自己的资金而代理客户承办支付和其他委托事项，并据以收取手续费的业务。如汇兑、代收付、代客买卖等（无风险业务）。

广义表外业务既包括传统中间业务，又包括虽未列入资产负债表内，不影响资产负债总额，但却能够为银行带来额外收益，同时也使银行承受额外风险的经营活动，如担保、贷款承诺、金融衍生工具等。

中间业务仅指表外业务中无风险的部分。

5. 简述贷款五级分类的基本标准。

答："贷款五级分类"是国际通用的一种债权质量分类方法，它按照贷款发放后的质量好坏、安全程度的不同，把贷款划分为正常、关注、次级、可疑和损失五大类。其中，后三类合称为不良贷款。

（1）正常类：借款人能够正常履行合同，有充分把握按时足额偿还本息。

（2）关注类：尽管借款人目前有能力偿还贷款本息，但存在一些可能对偿还产生不利影响的因素。

（3）次级类：借款人的还款能力出现了明显问题，依靠其正常经营收入已无法保证偿还本息。

（4）可疑类：借款人无法足额偿还本息，即使行使有关抵押和担保的合同约定，也肯定要造成一部分损失。

（5）损失类：在采取了所有可能的措施和一切必要的法律程序后，本息仍然无法收回，或只能收回极小部分。

6. 阐明引发金融创新的直接原因。

**答**：金融创新是金融业内的各种创造性变革。具体是指：为适应经济发展之需，突破金融业传统经营局面，而在金融工具、技术、市场、组织管理和经营思想方面进行的创新和变革。金融创新是 20 世纪 70 年代以来西方发达国家金融业内普遍出现的一种趋势。

引发金融创新的主要原因有：避免风险的创新；技术进步推动的创新；规避行政管理的创新。

7. 阐述存款货币银行经营管理理论的发展。

**答**：商业银行究竟如何操作，才能达到并实现"三性原则"的要求，一直是商业银行经营管理中无法回避的问题。在商业银行漫长的发展过程中，根据银行经营的实际经验，从对流动性管理的角度出发，形成三个阶段性的经营管理理论：

（1）资产管理（传统管理思想），其特点是流动性管理的重点在资产方面。

（2）负债管理（始于 20 世纪 60 年代），其特点是流动性管理的重点在负债方面。

（3）资产负债综合管理（始于 20 世纪 70 年代末），其核心思想是通过资产和负债两方面的同时操作来获得银行经营的流动性，进而达到并实现"三性原则"的要求。

8. 阐述存款货币银行面临的金融风险。

**答：** 2004 年《巴塞尔协议 Ⅱ》将银行风险分为信用风险、市场风险和操作风险三大类和其他风险。

（1）信用风险：是指银行的客户或交易对手无力履约的风险，是银行面临的最主要风险。

（2）市场风险：是由于金融市场的一些重要变量（如利率、汇率、股价等）的变动导致银行的头寸面临损失的风险。

（3）操作风险：是指银行内部控制、信息系统的缺陷以及公司治理机制失效导致的风险，这类风险是由于人为错误、系统失灵、不正确的流程和无效的监督等原因造成。

其他风险泛指三大风险以外的风险，如流动性风险、国家风险、法律风险和声誉风险等。

## 六、论述题

1. 试述存款保险制度的功能以及存在的问题。

**答：**（1）功能。保护存款人的利益，维护金融体系的稳定。

存款人是关心自己存款安全的，但就每一个存款人来说，他们不可能掌握足够的信息和具备良好的分析能力来选择业绩优良及最为安全可靠的金融机构。此外，即使存款人选择了业绩优良及最为安全可靠的金融机构，也不保证这样的金融机构不会在金融振荡中遭受严重的打击。因此，为数众多的小存款人、小投资人在存款这种金融交易中是弱势群体，而存款保险制度的建立则有利于保护他们的权益。

在金融振荡中，当小存款人、小投资人的权益没有得到存款保险制度的保护时，他们保护自己权益的行为就是挤兑（a run on a bank）。如果某几家金融机构的问题导致存款人的利益受损，影响到其他金融机构存款人的信心，就很容易发生挤兑风潮。此时，即使是经营状况良好的金融机构，在没有外部力量干预的情况下，也很难渡过难关，从而造成金融机构的连锁倒闭。借助存款保险制度对存款人提供的保护，可大大降低挤兑和金融机构连锁倒闭的可能性。

（2）存在问题。应该说，设计存款保险制度的初衷，已在大半个世纪的实践中体现出来了，但与此同时，这一制度在实际执行当中也产生了以下几方面的相反结果：①对存款人来说，存款保险制度对其利益提供了保护，但由此降低了他们关心银行的经营业绩和对银行的业务经营活动进行必要监督的积极性，甚至缺乏积极性将其存款从潜在破产的银行中取出。因此，这就使低效率甚至是资不抵债的银行能够继续吸收存款。②对投保金融机构来说，存款保险制度对于存款人的保护意味着存款人的挤兑威胁对存款货币银行可能施加的惩戒力量受到削弱。因此，无"后顾之忧"的银行更倾向于从事风险较高、利润较大的银行业务。③存款保险制度可能促成的风险大多属于道德风险，这些风险不仅会削弱市场规则在抑制银行风险方面的积极作用，而且会使经营不善的投保金融机构继续存在。

2. 论述商业银行经营管理的"三性原则"及其相互联系。

**答**：（1）商业银行的经营有三条原则：营利性、流动性和安全性。

营利性原则。商业银行追求盈利是改进服务、开拓业务和改善经营管理的内在动力，这一原则占有核心地位是无须解释的。

流动性，或者说清偿力，是指银行能够随时满足客户提取存款等要求的能力。一般来说，在实际生活中有两种情况：①有规律或较有规律的提存和要求兑付。银行能够较精确地预计并做好安排。②突发的提存和要求兑付。这是由一些突发的事件所引发，对此，银行很难预料。但是，如果不能妥善应对，银行会立即陷入挤兑、破产清算的境地。为了保持流动性，银行在安排资金运用时，一方面要力求使资产具有较高的流动性；另一方面必须力求使负债业务结构合理并保持自己有较多的融资渠道和较强的融资能力。

安全性原则，是指管理经营风险、保证资金安全的要求。银行经营与一般工商企业经营不同，其自有资本所占比重很小。然而，在资金运用的过程中存在着诸多金融风险，所以坚持安全性原则历来都为银行家所高度重视。

（2）相互关系：营利性、流动性和安全性三原则既有统一的一面，又有矛盾的一面。一般来说，安全性与流动性是正相关的：流动性较强的资产，风险较小、安全有保障。但是，它们与营利性往往存在矛盾：流动性强、安全性好，营利性一般较低；营利性较高的资产，往往流动性较差、风险较大。因此，银行在其经营过程中经常面临两难选择：为了增强经营的安全性、流动性，就要把资金尽量投放在短期周转的资金运用上；为了增加盈利，就要把资金投放在周转期较长但收益较高的贷款和投资上。这就不可避免地给银行经营的流动性、安全性带来了威胁。对此，银行只能统一协调，以寻求最佳的均衡点。

3. 试比较分业经营与混业经营两种模式的优劣，谈谈你对我国金融运行模式未来选择的看法。

**答**：按照金融业内是否存在明确的分工可将金融经营模式划分为分业经营与混业经营。

分业经营：分业经营就是指对金融机构业务范围进行某种程度的"分业"管制。一般是指传统的银行业和证券业分工明确，机构独立，业务范围独立。

混业经营：银行业和证券业之间没有明确分工，金融机构经营全面的金融业务。

按经营模式的不同，商业银行分为分业经营下的职能分工型商业银行和混业经营下的全能型商业银行。

所谓职能分工，其基本特点是，法律限定金融机构必须分门别类、各有专司：有专营长期金融的，有专营短期金融的，有专营有价证券买卖的，有专营信托业务的等等。

混业经营体制下的商业银行又称全能型商业银行，它们可以经营包括各种期限和种类的存款与贷款的一切银行业务，同时还可以经营全面的证券业务等。

在20世纪30年代大萧条之前，各国基本属于混业经营模式。经过1929～1933年大萧条中的全面性金融危机，不少西方经济人士将其归咎于银行的综合性业务经营，尤其是长期贷款和证券业务的经营。据此，许多国家认定商业银行只宜经营短期工商信贷业务，并以立法形式将商业银行类型和投资银行类型的业务范围做了明确划分。例如，美国在1933年通过的《格拉斯—斯蒂格尔法》规定，银行分为投资银行和商业银行，属于投资银行经营的证券投资业务，商业银行不能涉足。其后，美国又在相继颁布的法案中强化和完善了职能分工型银行制度。由此，从制度上确立了"分业经营"的金融运行模式。日本、英国等国也相继跟进，实行分业经营的金融运行模式。

与此同时，德国、奥地利、瑞士以及北欧少数国家继续实行混业经营，它们的商业银行可以从事各种期限的存款、贷款以及证券业务。它们赞成混业经营模式的理由是：通过全面、多样化业务的开展，银行可以深入了解客户的情况，有利于做好存款、贷款工作；借助于提供各种服务，有利于吸引更多的客户，增强银行的竞争地位，可以调剂银行各项业务的盈亏，减少乃至避免风险，有助于经营稳定等等。

自 20 世纪 70 年代以来，伴随迅速发展的金融自由化浪潮和层出不穷的创新，在执行分业经营的国家中，商业银行的经营日趋全能化、综合化。进入 20 世纪 90 年代以来，一向坚持分业经营的美国、日本等国纷纷解除禁令，甚至鼓励其大中型商业银行向混业经营方向发展。日本于 1998 年颁布了《金融体系改革一揽子法》，允许各金融机构跨行业经营各种金融业务。1999 年 10 月，美国通过了《金融服务现代化法案》，废除了代表分业经营的《格斯—斯蒂格尔法》，允许银行、保险公司及证券业互相渗透并在彼此的市场上进行竞争。至此，混业经营成为 21 世纪金融运行模式的主流。

直至改革开放初期，我国商业银行的业务都极为单纯，不存在分业、混业问题。在 20 世纪 80 年代中期以后，我国四家国有商业银行纷纷设立了自己的信托投资公司、证券营业部，开始经营证券、信托等业务。

然而，我国银行在此期间的"混业经营"，与发达市场经济国家中的银行所实施的混业经营有重大的、原则性的区别。在实践中，这种情况给金融业带来了一定程度的混乱。特别是从 1992 年下半年开始，社会上出现了房地产热和证券热，银行大量信贷资金流入证券市场和房地产市场。这不仅造成股市的剧烈波动和一系列违规事件的发生，而且使商业银行损失惨重，呆账、坏账激增，加大了金融领域的系统性风险。因此，我国在 1995 年颁布的《中华人民共和国商业银行法》中确立了严格的分业经营原则。

就我国银行业的管理水平和外部环境来看，选择分业经营、分业管理制度是有其理由的。然而，分业经营对银行业发展与生俱来的桎梏也显而易见，它在很大程度上限制了商业银行业务经营的活力，不利于提高资金的配置与使用效率。

加入 WTO 后，我国商业银行面临国外众多实力雄厚，可以综合经营银行业务、证券业务和保险业务的超级银行及金融百货公司的冲击，给我国实行分业经营的商业银行、证券公司等金融机构带来巨大的挑战。随着经济的发展、金融改革的深化，分业经营与混业经营必须严格划分的观念不断受到冲击。在实际生活中，金融业突破分业经营限制的要求和尝试也不断出现。

# 第七章 中央银行

本章内容摘要

1. 中央银行的产生及类型

实现银行券的统一发行建立全国统一的清算机构；在经济周期发展过程中为商业银行提供最后流动性支持；代表政府意志实施金融业管理、监督、协调都体现了建立中央银行的必要性。最早全面履行央行职能的是 1694 成立的英格兰银行，理论界公认它是现代中央银行的鼻祖。各国现有的中央银行制度类型大致有三类：①单一的中央银行制（包括一元式中央银行制和二元式中央银行制两种类型）；②跨国的中央银行制；③准中央银行制。

2. 中央银行的业务及职能

对于中央银行的职能，归纳表述为"三大银行"。①发行的银行。所谓发行的银行，就是垄断银行券的分析权，成为全国唯一的现钞发行机构。目前，世界上几乎所有国家的现钞都由中央银行发行。硬辅币的铸造、发行，也多由中央银行经营。②银行的银行。主要指中央银行集中存款准备金、最终的贷款人、组织全国清算等。③国家（政府）的银行。指央行代理国库、代理国债发行、对国家财政提供信贷支持、管理和交易外汇和黄金、制定和实施货币政策、制定并监督执行有关金融管理法规等。中央银行的业务可以通过资产负债表上的记载得到概括反映。

3. 中央银行的独立性

中央银行的独立性是指在货币政策的决策和运作方面，中央银行由法律赋予或实际拥有的自由程度。中央银行的独立性集中反映在中央银行与政府的关系上，有两种主要观点：①中央银行该对政府保持独立性；②中央银行对政府的独立性总是相对的。

4. 中央银行体制下的支付清算系统

支付清算系统又称支付系统，是一个国家或地区对伴随经济活动而产生的交易者之间、金融机构之间的债权债务关系进行清偿的系统。

 习　题

## 一、单选题

1. 最早全面履行央行职能的是（　　　），理论界公认它是现代中央银行的鼻祖。

A. 里克斯银行　　　　　　　　B. 英格兰银行

C. 威尼斯银行　　　　　　　　D. 美联储

2. 我国目前实行的中央银行体制属于（　　　）。

A. 单一中央银行制　　　　　　B. 复合中央银行制

C. 跨国中央银行制　　　　　　D. 准中央银行制

3. 1988 年 7 月，一个典型的跨国中央银行，即（　　　）成立，它是欧洲一体化进程逐步深入的产物。

A. 布雷顿森林体系　　　　　　B. 东非货币联盟

C. 西非货币联盟　　　　　　　D. 欧洲中央银行体系

4. "中央银行代表国家执行财政金融政策、代理国库收支以及为国家提供各种金融服务"是中央银行（　　　）的具体体现。

A. 发行的银行　　　B. 银行的银行　　　C. 国家的银行　　　D. 监管的银行

5. "垄断银行券的发行，成为全国唯一的现钞发行机构"是中央银行（　　　）的具体体现。

A. 发行的银行　　　B. 银行的银行　　　C. 国家的银行　　　D. 监管的银行

6. "履行最后的贷款人职责"是中央银行（　　）的具体体现。

A. 发行的银行　　B. 银行的银行　　C. 国家的银行　　D. 监管的银行

7. "集中存款准备金"是中央银行（　　）的具体体现。

A. 发行的银行　　B. 银行的银行　　C. 国家的银行　　D. 监管的银行

8. "对国家财政给予信贷支持"是中央银行（　　）的具体体现。

A. 发行的银行　　B. 银行的银行　　C. 国家的银行　　D. 监管的银行

9. 在我国中央银行的资产负债表中，最主要的资产项目是（　　）。

A. 国外资产　　　　　　　　　B. 贴现和放款

C. 政府债券和财政借款　　　　D. 外汇、黄金储备

10. 根据票据交换原理，在多家银行参加的票据交换和清算的情况下，各行应收差额的总和一定（　　）各行应付差额的总和。

A. 大于　　　　B. 小于　　　　C. 等于　　　　D. 不等于

11. 最早建立票据交换所的国家是（　　）。

A. 意大利　　　B. 英国　　　C. 德国　　　D. 美国

12. 如果一国央行持有的黄金、外汇储备资产增加，则有可能会引起本国货币供应量的（　　）。

A. 增加　　　　　　　　　　B. 减少

C. 不变　　　　　　　　　　D. 两者没有关系

13. 下列均为中央银行的是（　　）。

A. 中国人民银行、汇丰银行、日本银行

B. 中国人民银行、英格兰银行、日本银行

C. 美联邦储备体系、英格兰银行、东京银行

D. 中国人民银行、瑞典银行、德意志银行

## 二、多选题

1. 实行二元式中央银行制度的国家有（　　　　　）。

A. 日本　　　　　　B. 德国　　　　　　C. 美国

D. 英国　　　　　　E. 新加坡

2. 实行准中央银行制度的国家和地区有（          ）。

A. 中国香港          B. 德国          C. 美国

D. 英国          E. 新加坡

3. 在二战以后，国家对中央银行控制的加强直接表现为（          ）。

A. 对中央银行实行国有化

B. 各国纷纷制定新的银行法，明确央行的主要职责是贯彻执行货币政策，维持经济稳定

C. 统一银行券的发行

D. 组织全国清算

E. 要求央行履行最后贷款人职责

4. 现有的中央银行制度大致的类型包括（          ）。

A. 单一的中央银行制度          B. 跨国中央银行制度

C. 准中央银行制度          D. 联合的中央银行制度

E. 独立的中央银行制度

5. 下列属于中央银行资产的有（          ）。

A. 流通中通货          B. 外汇、黄金储备          C. 商业银行等金融机构存款

D. 贴现          E. 放款

6. 下列属于中央银行存贷业务对象的有（          ）。

A. 商业银行          B. 政府          C. 工商企业

D. 进出口银行          E. 个体工商户

7. 中央银行的负债包括（          ）。

A. 流通中通货          B. 外汇、黄金储备          C. 商业银行等金融机构存款

D. 贴现          E. 国库及公共机构存款

8. 中央银行作为"银行的银行"，其职能具体表现在（          ）。

A. 集中存款准备          B. 最终的贷款人          C. 购买国家公债

D. 组织全国的清算          E. 发行银行券

9. 下列属于中央银行负债的有（          ）。

A. 外汇、黄金储备          B. 流通中通货          C. 商业银行等金融机构存款

D. 国库及公共机构存款　　　　　　　　　E. 向其他国家借款

10. 中央银行的货币发行通过（　　　　　）投入市场，从而形成流通货币。

A.（再）贴现　　　　B. 放款　　　　　　C. 购买有价证券

D. 收购黄金　　　　E. 收购外汇

11. 商业银行从中央银行融入资金的主要方式有（　　　　　）。

A. 将自己持有的票据（包括国库券）向央行办理再贴现、再抵押

B. 回购协议　　　　　　　　　C. 直接取得贷款

D. 向央行出售黄金　　　　　　E. 向央行出售外汇

12. 以下关于"中央银行的独立性是相对的"表述中，错误的有（　　　　　）。

A. 中央银行与政府所处地位、行为目标不尽相同

B. 中央银行不同于一般的行政管理机构，无论制定和执行货币政策以调节宏观经济运行，还是确定对金融业实施监管的指导方针，都需要具备专业理论素养和较为长期的专业经验积累

C. 从金融与整体经济和社会政治的关系来看，虽然金融在现代经济中的作用极大，经济社会大系统中，它终归是一个子系统。中央银行处于金融系统的核心地位，自然应服从于经济社会大系统的运转，服从于国家的根本利益

D. 中央银行是整个宏观调控体系中的一个组成部门，中央银行货币政策目标的实现也需要其他政策特别是财政政策的协调与配合，不可能孑然独立

E. 中央银行的活动都是在国家授权下进行的，中央银行在履行自己的职责时，也需要政府其他部门的协作与配合，而中央银行与其他部门的关系则需要由政府来协调

## 三、判断题

1. 1694 年，英格兰银行成立之时是典型的股份制商业银行。　　　　（　　）

2. 二战之后，国家对中央银行控制加强的几种表现为"中央银行的国有化；纷纷制定新的银行法，明确中央银行的主要职责是贯彻执行货币政策，维持经济的稳定"。　　　　　　　　　　　　　　　　　　　　　　　　（　　）

3. 目前世界上绝大多数中央银行制度的类型为单一的中央银行制度。

（　　）

4. 美国的联邦储备体系就是典型的单一的中央银行制度。（　　）

5. 中央银行的货币发行在资产负债表中列在资产一方。（　　）

6. 监管商业银行的经营是目前中国人民银行最重要的职责。（　　）

7. 中央银行充当最后贷款人是作为国家的银行的职能表现。（　　）

8. 中央银行只发行银行券，存款货币的创造则由商业银行实现。（　　）

9. 中央银行作为国家的银行，可以代表政府参加国际金融组织，出席各种国际性会议，代表政府签订国际金融协定等。（　　）

10. 社会公众持有的现金是中央银行的负债。（　　）

11. 中央银行的独立性表明，中央银行对政府的独立性应该是绝对的。

（　　）

12. 一般而言，全额实时清算采用的是小额定时结算系统。（　　）

13. 一般而言，净额批量清算采用的是大额资金转账系统。（　　）

14. 通常中央银行再贴现率会高于商业银行同业拆借利率，以充分发挥贴现窗口的调节作用。（　　）

15. 中国人民银行的资本金全部由政府出资。（　　）

16. 中央银行作为国家的银行，在国家财政资金紧缺时，必须无条件地对国家财政提供贷款。（　　）

17. 作为发行的银行，世界上几乎所有国家的货币（现钞、金属辅币等）全部由中央银行垄断发行。（　　）

18. 中央银行之所以应对政府保持独立性，是因为它不是政府的职能机构。

（　　）

19. "存、放、汇"既然是中央银行的主要业务，那么它与商业银行就没有什么本质上的不同。（　　）

20. 商业银行向中央银行开展逆回购业务是向中央银行融入资金。（　　）

21. 制定和实施货币政策是中央银行作为国家的银行的职能的主要表现。

（　　）

## 四、名词解释

1. 单一的中央银行制度

2. 跨国中央银行制度

3. 准中央银行制度

4. 二元式的中央银行制度

5. 发行的银行

6. 银行的银行

7. 国家的银行

8. 中央银行独立性

9. 支付清算系统

10. 全额实时清算系统

11. 净额批量清算系统

12. 大额资金转账系统

13. 小额定时结算系统

14. 票据交换所

## 五、简答题

1. 二战以后，国家对中央银行控制的加强主要表现在哪些方面？

2. 简述中央银行的基本职能。

3. 中央银行制度主要有哪些类型？

4. 中央银行作为"银行的银行"，其职能具体表现在哪些方面？

5. 中央银行作为"国家的银行"，其职能具体表现在哪些方面？

6. 简述支付清算系统的作用。

7. 简要概述中央银行的"最后贷款人"职能。

8. 简要概括中央银行的业务构成，并据此分析说明"同为办理'存、放、汇'业务"的机构，中央银行与商业银行有何不同。

9. 为什么说中央银行的独立性应该是相对的？

## 六、论述题

1. 从历史发展的角度，阐述建立中央银行的必要性。

2. 试述中央银行的独立性问题，结合《中华人民共和国中国人民银行法》有关规定，谈一谈你对我国中央银行独立性的看法。

3. 比较中国人民银行和美联储的资产负债表，分析其各自的特征，比较其异同，并阐释造成差异的主要原因。

 参考答案

### 一、单选题

1. B  2. A  3. D  4. C  5. A  6. B  7. B  8. C  9. A  10. C  11. B  12. A
13. B

### 二、多选题

1. BC  2. AE  3. AB  4. ABC  5. BDE  6. ABD  7. ACE  8. ABD  9. BCDE
10. ABCDE  11. ABCDE  12. AB

### 三、判断题

1. √  2. √  3. √  4. ×  5. ×  6. ×  7. ×  8. √  9. √  10. √  11. ×
12. ×  13. ×  14. √  15. √  16. ×  17. ×  18. ×  19. ×  20. ×  21. √

### 四、名词解释

1. 单一的中央银行制度

单一的中央银行制度是指国家单独建立中央银行机构，使之全面、纯粹地行使中央银行职能的制度。在单一的中央银行制度中又有如下两种具体情形：①一元式中央银行制度；②二元式中央银行制度。

2. 跨国中央银行制度

跨国中央银行制度出现在二战后，是由参加某一货币联盟的所有成员国联合组成的中央银行制度，组成货币联盟的主要是地域相邻的一些欠发达国家。1998年7月，一个典型的跨国中央银行——欧洲中央银行体系正式成立，它是欧洲一体化进程逐步深入的产物。

3. 准中央银行制度

准中央银行制度是指有些国家或地区只设置类似中央银行的机构，或由政府授权某个或几个商业银行行使部分中央银行职能的体制。新加坡、中国香港都属于这种体制。

4. 二元式的中央银行制度

二元式的中央银行制度是在一国国内建立中央和地方两级中央银行机构，中央级机构是最高权力机构或管理机构，但地方级机构也有一定的独立权利。这是一种带有联邦式特点的中央银行制度，拥有这种类型中央银行制度的国家有美国、德国等。

5. 发行的银行

所谓发行的银行，就是垄断银行券的发行权，成为全国唯一的现钞发行机构。目前，世界上几乎所有国家的现钞都由中央银行发行。硬辅币的铸造、发行，也多由中央银行经营。

6. 银行的银行

银行的银行主要指中央银行集中存款准备金、最终的贷款人、组织全国清算等。

7. 国家的银行

国家（政府）的银行指央行代理国库、代理国债发行、对国家财政提供信贷支持、管理和交易外汇和黄金、制定和实施货币政策、制定并监督执行有关金融管理法规等。

8. 中央银行独立性

在市场经济体制下，中央银行的独立性问题是指在货币政策的决策和运作方面，中央银行由法律赋予或实际拥有的自主程度。

9. 支付清算系统

支付清算系统又称支付系统，是一个国家或地区对伴随经济活动而产生的交易者之间、金融机构之间的债权债务关系进行清偿的系统。

10. 全额实时清算系统

全额实时清算系统是对每笔支付业务的发生额（一般为大额或紧急）立即单独全部进行交割。

11. 净额批量清算系统

净额批量清算系统是对累计多笔支付业务的发生额（一般为多笔、小额），在一个清算周期结束前，轧出差额，进行清算。

12. 大额资金转账系统

大额资金转账系统是对单笔交易金额巨大，但交易笔数较少，对安全性要求较高，付款时间紧迫的支付方式。

13. 小额定时结算系统

小额定时结算系统又称为"零售支付系统"，主要处理大量的每笔金额相对较小的支付命令。它们属于对时间要求不紧迫的支付。因而，常常采用批量、定时方式处理。

14. 票据交换所

票据交换所即集中进行票据交换、了结银行间债权债务关系的场所。履行票据交换职责的机构在不同国家其名称各异，我国的票据交换所为"票据清算中心"，由中国人民银行设置和管理运行。

## 五、简答题

1. 二战以后，国家对中央银行控制的加强主要表现在哪些方面？

答：在二战后，国家对中央银行控制的加强直接表现为：

（1）中央银行的国有化。在此之前，中央银行的股本大多是私人持有的，如英格兰银行、法兰西银行基本上是私人股份银行。在二战后，各国中央银行的私人股份先后转化为国有；有些新建的中央银行，一开始就由政府出资。

（2）在二战后，各国纷纷制定新的银行法，明确中央银行的主要职责就是贯彻执行货币政策，维持经济的稳定。

2. 简述中央银行的基本职能。

答：对于中央银行的职能，一般的、传统的归纳表述为"三大银行"。

（1）发行的银行。所谓发行的银行，就是垄断银行券的发行权，成为全国唯一的现钞发行机构。目前，世界上几乎所有国家的现钞都由中央银行发行。硬辅币的铸造、发行，也多由中央银行经营。

（2）银行的银行。主要指中央银行集中存款准备金、最终的贷款人、组织全国清算等。

（3）国家（政府）的银行。指央行代理国库、代理国债发行、对国家财政提供信贷支持、管理和交易外汇和黄金、制定和实施货币政策、制定并监督执行有关金融管理法规等。

3. 中央银行制度主要有哪些类型？

答：就现有的中央银行制度来看，大致可归纳为三种类型：

（1）单一的中央银行制度。这种制度是指国家单独建立中央银行机构，使之全面、纯粹地行使中央银行的制度。在单一的中央银行制度中又有如下两种具体情形：一元式中央银行制度和二元式中央银行制度。

（2）跨国中央银行制度。这种制度出现在二战后，是由参加某一货币联盟的所有成员国联合组成的中央银行制度，组成货币联盟主要是地域相邻的一些欠发达国家。

（3）准中央银行制度。这种制度是指有些国家或地区只设置类似中央银行的机构，或由政府授权某个或几个商业银行行使部分中央银行职能的体制。新加坡、中国香港都属于这种体制。

4. 中央银行作为"银行的银行"，其职能具体表现在哪些方面？

答：中央银行作为银行的银行，其职能具体表现在三个方面：

（1）集中存款准备。通常法律规定，商业银行及有关金融机构必须向中央银行存入一部分存款准备金。该举措的目的在于，一方面保证存款机构的清偿能力，另一方面有利于中央银行调节信用规模和控制货币供给量。

（2）最后贷款人。19世纪中叶，连续不断的经济动荡和金融危机使人们认识到，金融恐慌或支付链条的中断往往是触发经济危机的导火线，因此提出应由中央银行承担最后贷款人的责任。最后贷款人的作用表现为：一是支持陷入资金周转困难的商业银行及其他金融机构，以免银行挤兑风潮的扩大并最终导致整个银行体系的崩溃；二是通过为商业银行办理短期资金融通，调节信用规模和货币供给量，传递和实施宏观调控的意图。

（3）组织全国清算。现代的支付系统是伴随中央银行制度的发展而发展的，各国中央银行大多有法令明文规定，负有组织支付清算的职责。

5. 中央银行作为"国家的银行"，其职能具体表现在哪些方面？

**答：** 中央银行作为"国家的银行"，其职能具体表现为：

（1）代理国库（我国习惯称之为经理国库）。通常来说，政府的收入与支出均通过财政部门在中央银行内开立的各种账户进行。

（2）代理国家债券的发行。不少国家的中央银行通常代理国家发行债券以及债券到期时的还本付息事宜。

（3）对国家财政给予信贷支持。

（4）保管外汇和黄金储备，进行外汇、黄金的买卖和管理。

（5）制定和实施货币政策。

（6）制定并监督执行有关金融管理法规。

此外，中央银行作为国家的银行，可以代表政府参加国际金融组织，出席各种国际性会议，从事国际金融活动以及代表政府签订国际金融协定；在国内外的经济、金融活动中，中央银行还可以充当政府的顾问，提供经济、金融的情报和决策建议。

6. 简述支付清算系统的作用。

**答：** 由一国中央银行主持的支付清算系统是现代经济活动运行的"基础设施"。它可以被形容为资金的高速公路，当道路宽阔、畅通、覆盖面大时，资金在债权人与债务人之间的流动就顺畅，经济体的运行就健康；如果不通畅，就会付出过高的清算成本，资金运用的效率就会降低；一旦发生局部的堵塞和服务中断，债权债务不能及时清偿，就会给经济运行带来巨大的影响。因此，市场经济较发达的国家都十分重视建立一个高效、稳定的支付清算系统。

安全、高效的支付清算系统有利于规避金融风险。支付清算系统在运转时可以发现金融机构在经营过程中一部分潜在的信用风险和流动性风险，并能主动预警。例如，支付清算系统可以监测各家商业银行清算账户的日间透支额和日终透支额，一旦这些指标出现异常，支付清算系统就会要求商业银行采取必要的措施，以保证支付效率。

如果是通用货币的支付清算系统，如美元、欧元、日元的支付清算系统，它们还会对全球经济或区域经济发挥作用。

7. 简要概述中央银行"最后贷款人"职能。

**答：**商业银行需要补充资金时，可将其持有的票据向中央银行请求再贴现，或以有价证券抵押申请贷款。在银行体系遭遇冲击时，流动性需求大大增加，单靠银行本身无法满足流动性需求。此时，中央银行发挥"最后贷款人"职能，由中央银行向银行体系提供流动性，以确保银行体系稳健经营。"最后贷款人"的职能确立了中央银行在整个金融体系中的核心地位和主导地位。另外也指央行通过为商业银行办理短期资金融通，调节信用规模和货币供给量，传递和实施宏观调控的意图。该角色最能体现中央银行"银行的银行"的职能。

8. 简要概括中央银行的业务构成，并据此分析说明"同为办理'存、放、汇'业务"的机构，中央银行与商业银行有何不同。

**答：**（1）主要业务。中央银行的业务可以通过资产负债表上的记载得到概括反映。虽然各国的金融制度、信用方式等方面存在差异，各国中央银行资产负债表的项目多寡以及包括的内容颇有不同，但资产负债表的格式和主要项目基本一致。

资产项目主要包括国外资产、贴现和放款、政府债券和财政借款、外汇、黄金储备，以及其他资产。

负债项目主要包括流通中通货、商业银行等金融机构负债、国库及公共机构存款、对外负债、其他负债和资本项目。

（2）主要区别。

1）业务对象不同：中央银行的业务对象主要是商业银行等金融机构和政府，不对普通社会公众开办金融业务；而商业银行的业务对象是企业以及居民个人。

2) 业务活动的目的不同：中央银行开展存、放、汇业务着眼于宏观经济目标，通过与商业银行等金融机构以及政府的往来，利用各种政策工具和手段来实现中央银行的各项货币政策目标，如稳定物价、增加就业、促进经济增长等；商业银行开展存、放、汇业务，是为了履行其作为金融活动的信用中介、支付中介等职责，通过业务活动的开展，调剂社会资金余缺，变社会各阶层的积蓄和收入为资本，为社会经济发展积累资金，为实体经济发展提供金融服务。

9. 为什么说中央银行的独立性应该是相对的？

**答：**中央银行对政府的独立性是相对的，主要是因为：

（1）从金融与整体经济和社会政治的关系来看，虽然金融在现代经济中的作用极大，但在经济社会大系统中，它终归是一个子系统。中央银行处于金融系统的核心地位，自然应当服从于经济社会大系统的运转，服从于国家的根本利益。

（2）中央银行是整个宏观调控体系中的一个组成部门，中央银行货币政策目标的实现也需要其他政策特别是财政政策的协调与配合，不可能孑然独立。

（3）中央银行的活动都是在国家授权下进行的，中央银行在履行自己的职责时，也需要政府其他部门的协作与配合，而中央银行与其他部门的关系则需要由政府来协调。

## 六、论述题

1. 从历史发展的角度，阐述建立中央银行的必要性。

**答：**中央银行又称货币当局。当今世界上大多数国家都实行中央银行制度。

在现代银行出现后的一个相当长时期内并没有产生中央银行，中央银行建立的必要性主要有以下几个方面：

（1）银行券统一发行的需要。在银行业发展的初期，众多的银行均从事银行券的发行：①为数众多的小银行信用实力薄弱，它们所发行的银行券往往不能兑现，尤其在危机时期，很容易使货币流通陷于混乱。②许多分散的小银行的信用活动领域有着地区限制，因此它们所发行的银行券只能在有限的地区内流通。

随着资本主义经济的发展，要求有更稳定的通货，也要求银行券成为能在全国市场广泛流通的一般信用流通工具。实际上，在银行发展的过程中，已经出现了一些信誉卓著的大银行，它们所发行的银行券在流通中不断排挤小银行发行的银行券。在这样的基础上，国家遂以法令形式限制或取消了一般银行的发行权，并把发行权集中于专司发行银行券的中央银行。

（2）银行林立、银行业务不断扩大，债权债务关系错综复杂，票据交换及清算若不能得到及时、合理处置，将阻碍经济的顺畅运行，于是客观上需要建立一个全国统一的、权威的、公正的清算机构为之服务。

（3）在经济周期的发展过程中，商业银行往往陷于资金调度不灵的窘境，有时会因此破产。于是，客观上需要一个强大的金融机构作为其他众多银行的后盾，在必要时为它们提供货币资金，即流动性的支持。

（4）与其他行业一样，银行业的经营竞争也很激烈，而且它们在竞争中的破产、倒闭给经济造成的动荡，较之非银行业要大得多。因此，客观上需要有一个代表政府意志的专门机构专司金融业来管理、监督、协调工作。

上述建立中央银行的几个方面客观要求并非同时提出的，而是在长期发展过程中逐步提出并实现的。以英格兰银行为例，正是在解决上述问题之后才逐渐演变为现代意义上的中央银行，其他国家的中央银行大多遵循此途径形成。

2. 试述中央银行的独立性问题，结合《中华人民共和国中国人民银行法》有关规定，谈一谈你对我国中央银行独立性的看法。

**答：**（1）在市场经济体制下，所谓中央银行的独立性问题就是指在货币政策的决策和运作方面，中央银行由法律赋予或实际拥有的自主程度。

根据国际货币基金组织最新公布的文献，中央银行的独立性是指中央银行在公布通货膨胀率、汇率或货币政策目标，以及根据自己的操作决定货币供应量和利率水平时不受政府的干预，在解决中央银行与政府间的矛盾时存在公开的和透明的程序，并且中央银行的管理和财务是独立的。

独立性问题集中地反映在中央银行与政府的关系上。如何处理这种关系，可概括为两点：一是中央银行应对政府保持独立性；二是中央银行对政府的独立性总是相对的。

中央银行之所以应对政府保持独立性，是因为：

1）中央银行与政府所处地位、行为目标不尽相同。

2）中央银行不同于一般的行政管理机构，无论是制定和执行货币政策以调控宏观经济运行，还是确定对金融业实施监管的指导方针，都需要具备必要的专业理论素养和较为长期的专业经验积累。

然而，中央银行对政府的独立性，无论如何，都是相对的：

1）从金融与经济整体与社会政治的关系来看，金融虽然在现代经济中作用极大，但在经济社会大系统中，它终归是一个子系统。中央银行处于金融系统的核心地位，自然应当服从于经济社会大系统的运转，服从于国家的根本利益。正确的货币政策、稳定的货币币值、安全有序的金融运行，都是为了服务于经济与社会发展的最终目的和国家的根本利益。

2）中央银行是整个宏观调控体系中的一个组成部门，中央银行货币政策目标的实现，后面将要讨论，也需要其他政策特别是财政政策的协调与配合而不可能孑然独立。

3）中央银行的活动都是在国家授权下进行的，大多数国家的中央银行主要负责人也由政府委任。此外，中央银行在履行自己的职责时，也需要政府其他部门的协作与配合，而中央银行与其他部门的关系则需要由政府来协调。

（2）看法。根据《中华人民共和国中国人民银行法》的相关规定和解释，按照通常意义上的标准衡量，中国人民银行隶属于独立性较弱的中央银行。从我国的法律规定来看，中国人民银行在重要事项的决策方面对政府的独立性是较弱的（如"第二条　中国人民银行是中华人民共和国的中央银行。中国人民银行在国务院领导下，制定和执行货币政策，防范和化解金融风险，维护金融稳定"），但这只是对中央政府而言，对地方政府和各级政府部门等，法律赋予中央银行完全的独立性（如"第七条　中国人民银行在国务院领导下依法独立执行货币政策，履行职责，开展业务，不受地方政府、各级政府部门、社会团体和个人的干涉"）。同时在货币政策操作、业务活动等方面，中央银行的独立性更强一些。如果从历史发展来看，中国人民银行的独立性明显地呈逐步增强的趋势。

3. 比较中国人民银行和美联储的资产负债表，分析其各自的特征，比较其异同，并阐释造成差异的主要原因。

（1）特征。中国人民银行资产以外汇储备为主，负债以储备货币为主；美联储资产以证券为主（国债+资产抵押证券），负债以"联邦储备券+存款"为主。

（2）异同。相同点：负债端皆以基础货币为主。不同点：资产端差异较大，中国人民银行主要持有外汇，美联储主要持有证券。

（3）造成差异的主要原因。美元是全球最重要的储备货币，我国需要持有大量外汇储备，美国只需持有少量外币资产；美国自次贷危机之后量化宽松货币政策，大量购入国债和资产抵押证券。

# 第八章　现代货币的创造机制

## 本章内容摘要

1. 原始存款

原始存款是指商业银行接受客户的现金或中央银行签发支票所形成的存款。因为现金和中央银行的支票都属于中央银行向流通中注入的货币量，所以商业银行能吸收到多少原始存款，首先取决于中央银行发行多少货币，其次取决于商业银行对中央银行发行货币的吸收程度。

2. 派生存款

派生存款是指商业银行通过发放贷款、购买有价证券等方式创造的存款，派生存款在数量上等于总存款减去原始存款。

3. 基础货币

基础货币又称为高能货币、强力货币，国际货币基金组织称其为"准备货币"，是指存款货币银行保有的存款准备（准备存款和库存现金）与流通于银行体系之外的现金之和。

4. 现金漏损

所谓现金漏损是指货币不仅离开了中央银行，也离开了商业银行的一种现象，具体是指客户从银行中提取存款要求付现金，从而使作为准备金的现金流出商业银行系统的现象。

5. 信用货币体系下的债权债务关系网

在信用货币体系下，无论是个人、企业、事业单位还是政府，只要有收支货币，均处于债权债务关系网中，毫无例外。

6. 商业银行存款货币的创造

商业银行之所以能创造货币，在于满足两个条件：一是法定准备金低于100%；二是银行清算体系的建立。银行可将存入的资金的一部分用于贷款，客户获得资金又以不同的方式将资金存入银行，如此循环往复，从而导致存款货币增加。

7. 双层次的货币创造

货币创造是商业银行所独有的功能，但商业银行创造货币离不开中央银行。只有通过中央银行不断地发行货币补充准备存款，商业银行才能进行货币创造。中央银行发行货币构成基础货币，基础货币会形成数倍于基础货币的货币供给量，而这种数倍于基础货币的货币供给量也离不开商业银行。因此，在现代银行体系下，货币创造是双层次的创造结构。

 习　题

## 一、单选题

1. 现代信用货币体系下，以下说法正确的是（　　）。

A. 企业拥有现金，企业是中央银行的债务人

B. 企业将现金存入银行，银行是企业的债权人

C. 企业通过银行将员工工资打入银行卡，此时员工是银行的债务人

D. 以上说法均不正确

2. 以下属于原始存款的是（　　）。

A. 流通中的现金

B. 商业银行等金融机构在中央银行的准备金存款

C. 客户以现金方式存入商业银行的存款

D. 商业银行发放的贷款

3. 假设原始存款为 10 万元，存款派生倍数为 10，以下派生存款正确的

是（　　）。

  A. 50 万元   B. 100 万元   C. 110 万元   D. 90 万元

  4. 假设法定存款准备金率为 15%，现金漏损率为 3%，超额准备金率为 2%，没有定期存款，以下说法正确的是（　　）。

  A. 存款派生倍数为 5     B. 存款派生倍数为 4

  C. 存款派生倍数在 6~7    D. 存款派生倍数为 10

  5. 假设法定准备金率为 10%，没有定期存款，没有现金漏损，没有超额准备金，则央行发行 10 亿元票据卖给银行等一级交易商，商业银行将收回（　　）。

  A. 10 亿元   B. 50 亿元   C. 100 亿元   D. 500 亿元

  6. 假设某国银行的法定准备金总额为 10 万亿元，超额准备金为 2 万亿元，银行自留准备金为 5 万亿元，流通的现金为 3 万亿元，那么基础货币是（　　）。

  A. 13 万亿元  B. 15 万亿元  C. 18 万亿元  D. 20 万亿元

  7. 以下不属于基础货币的是（　　）。

  A. 银行吸收的活期存款   B. 商业银行上缴的法定准备金

  C. 商业银行上缴的超额准备金  D. 流通中的现金

  8. 假设某国银行的法定准备金总额为 10 万亿元，超额准备金为 2 万亿元，银行自留准备金为 5 万亿元，流通的现金为 3 万亿元，则以下说法正确的是（　　）。

  A. 货币供给量为 80 万亿元，则货币乘数为 5

  B. 货币供给量为 100 万亿元，则货币乘数为 5

  C. 货币供给量为 120 万亿元，则货币乘数为 5

  D. 货币供给量为 60 万亿元，则货币乘数为 5

  9. 在支付方式主要为现金的年代，央行在（　　）会增发现金。

  A. 春节前人们进城办年货时  B. 农产品上市的季节

  C. 国庆节长假前后     D. 中秋节

  10. 在支付方式主要为现金的年代，在（　　）会形成现金回笼。

  A. 春节前人们进城办年货时  B. 农产品上市的季节

C. 国庆节长假前后　　　　　　　D. 中秋节

11. 在基础货币一定的条件下，货币乘数越大，则货币供应量（　　）。

A. 越大　　　　B. 越少　　　　C. 不变　　　　D. 不确定

12. 在其他条件不变的情况下，如果提高了定期存款利率，则货币乘数（　　）。

A. 越大　　　　　B. 越小　　　　　C. 不变　　　　　D. 不确定

13. 现金漏损率越高，则存款货币创造乘数（　　）。

A. 越大　　　　　B. 越小　　　　　C. 不变　　　　　D. 不一定

14. 存款货币银行派生存款的能力（　　）。

A. 与原始存款成正比，与法定存款准备金率成正比

B. 与原始存款成正比，与法定存款准备金率成反比

C. 与原始存款成反比，与法定存款准备金率成正比

D. 与原始存款成反比，与法定存款准备金率成反比

## 二、多选题

1. 影响存款派生乘数的因素包括（　　　　　　）。

A. 法定存款准备金率　B. 超额存款准备金率　C. 定期存款准备金率

D. 现金漏损率　　　　E. 贴现率

2. 在信用货币时代，处于债权债务关系网中的实体包括（　　　　　　）。

A. 个人家庭　　　　　B. 企事业单位　　　　C. 政府机关

D. 商业银行　　　　　E. 以上均对

3. 存款货币银行影响派生存款能力的因素有（　　　　　　）。

A. 国家税收　　　　　B. 原始存款　　　　　　C. 法定存款准备金率

D. 超额存款准备金率　E. 以上均正确

4. 存款货币银行的存款准备包括（　　　　　　）。

A. 准备存款　　　　　　　　　　B. 现金库存

C. 流通于银行体系之外的现金　　D. 贷款

E. 以上均正确

5. 以下关于存款派生乘数的描述正确的有（          ）。

A. 与法定准备金率成正比          B. 与法定准备金率成反比

C. 与现金漏损率成正比          D. 与现金漏损率成反比

E. 与超额准备金率成正比

6. 基础货币包括（          ）。

A. 税收          B. 同业存款          C. 法定存款准备金

D. 公众的手持现金          E. 财政存款

7. 会引起基础货币减少的情况有（          ）。

A. 央行收回再贷款          B. 央行购买国债          C. 央行卖出国债

D. 央行减少外汇储备          E. 央行增加外汇储备

8. 我国基础货币包含（          ）。

A. 存款货币银行的超额存款准备金          B. 公众持有的现金

C. 金融机构的库存现金          D. 个人活期储蓄存款

E. 存款货币银行的法定存款准备金

9. 基础货币又称（          ）。

A. 高能货币          B. 强力货币          C. 准备货币

D. 电子货币          E. 流通货币

10. 以下构成铸币税的有（          ）。

A. 央行发行货币用于国内流通

B. 某甲在国内用本币购买商品

C. 某乙用本币在外国边境城市购买商品

D. 某国央行在国际金融市场上用本币购买黄金

E. 央行发行货币贷给商业银行

11. 现代货币制度是最优的货币制度体现在（          ）。

A. 节约了货币材料          B. 节约了货币流通费用

C. 节约了管理成本          D. 货币流通速度加快减少了货币需求量

E. 以上描述均正确

## 三、判断题

1. 现金就是通货，通货就是现金。 （　　）

2. 信用货币体系下，整个社会就是一张债权债务关系网。 （　　）

3. 只要法定准备金率低于 100%，张三存在银行的卡上的钱就会变得越来越多。 （　　）

4. 其他条件不变，在扫码支付普及的情况下，存款派生倍数会提升。

（　　）

5. 现金漏损是指货币只离开了中央银行，但并没有离开商业银行。 （　　）

6. 存款货币银行系统派生存款倍数创造原理在相反方向上也适用。 （　　）

7. 现金的增发与准备存款必须不断得到补充。 （　　）

8. 准备存款的不断补充必须有中央银行的支持。 （　　）

9. 中央银行可以无限制地为存款货币银行补充准备存款。 （　　）

10. 基础货币等于在中央银行的存款准备金与流通于银行体系之外的现金之和。 （　　）

11. 货币乘数其实就是存款派生倍数。 （　　）

12. 由于纸的成本很低，一国发行的货币均构成铸币税收入。 （　　）

13. 现代信用货币体系下，现金货币的需要量会逐渐增加。 （　　）

14. 在其他条件不变的情况下，现金漏损率越高，则存款创造倍数越大。

（　　）

15. 在其他条件不变的情况下，法定存款准备金率越低，则存款创造倍数越大。 （　　）

16. 在其他条件不变的情况下，超额准备金率越高，则存款创造倍数越小。

（　　）

17. 向中央银行出售自己持有的外汇会增加商业银行的存款准备金。 （　　）

18. 基础货币直接表现为中央银行的资产。 （　　）

19. 基础货币直接表现为中央银行的负债，但中央银行创造基础货币是通过其资产业务进行。 （　　）

20. 现金作为基础货币的一部分，也会随着存款货币的派生过程多倍增加。

（　　）

## 四、名词解释

1. 原始存款

2. 派生存款

3. 法定存款准备金

4. 超额存款准备金

5. 存款派生倍数

6. 现金漏损

7. 基础货币

8. 货币乘数

9. 铸币税

10. 存款准备

11. 现金回笼

12. 现金发行

## 五、简答题

1. 简述原始存款与派生存款的关系。

2. 简述存款货币创造的两个必要条件。

3. 简述派生存款的紧缩过程（可用实例分析）。

4. 简述商业银行从中央银行获得准备存款的途径。

5. 简述货币发行与铸币税的关系。

6. 为什么现代信用货币制度是最节约的货币制度？

7. 中央银行为什么不可能无限制地为商业银行补充准备存款？

8. 简述存款派生倍数的决定因素。

9. 什么是基础货币？它对货币供给量有什么影响？

## 六、论述题

1. 论述货币的双层次创造结构。

2. 论述存款派生乘数及其影响因素。

## 参考答案

### 一、单选题

1. D　2. C　3. D　4. A　5. C　6. D　7. A　8. B　9. B　10. A　11. A　12. A
13. B　14. B

### 二、多选题

1. ABCD　2. ABCDE　3. BCD　4. AB　5. BD　6. CD　7. ACD　8. ABCE
9. ABC　10. CD　11. ABD

### 三、判断题

1. ×　2. √　3. ×　4. √　5. ×　6. √　7. √　8. √　9. ×　10. ×　11. ×
12. ×　13. ×　14. ×　15. √　16. √　17. √　18. ×　19. √　20. ×

### 四、名词解释

1. 原始存款

原始存款是指商业银行接受客户的现金或中央银行签发支票所形成的存款。因为现金和中央银行的支票都属于中央银行向流通中注入的货币量，所以商业银行能吸收到多少原始存款，首先取决于中央银行发行多少货币，其次取决于商业银行对中央银行发行货币的吸收程度。

2. 派生存款

派生存款是指商业银行通过发放贷款、购买有价证券等方式创造的存款，派生存款在数量上等于总存款减去原始存款。

3. 法定存款准备金

法定存款准备金是指金融机构（商业银行）为保证客户提取存款和资金清算需要而缴存在中央银行的存款，中央银行要求的存款准备金占其存款总额的比例就是存款准备金率，这是银行法的规定，不上缴即构成违法。中央银行提高法定准备金率，商业银行的超额准备金就会减少；反之，商业银行的超额准备金就会增加。

4. 超额存款准备金

商业银行上缴中央银行的资金超过法定存款准备金率的那部分资金称为超额存款准备金，其比率为超额存款准备金率。央行提高法定存款准备金将导致商业银行的超额存款准备金降低，反之则会增加商业银行的超额存款准备金。

5. 存款派生倍数

在无定期存款、超额准备金和现金漏损的情况下，存款派生倍数为法定准备金率的倒数。

6. 现金漏损

所谓现金漏损是指货币不仅离开了中央银行，也离开了商业银行的一种现象，具体是指客户从银行中提取存款要求付现金，从而使作为准备金的现金流出商业银行系统的现象。

7. 基础货币

基础货币又称为高能货币、强力货币，国际货币基金组织称其为"准备货币"，是指存款货币银行保有的存款准备（准备存款和库存现金）与流通于银行体系之外的现金之和。用公式表示就是 $B = R + C$，其中 B 为基础货币，R 为存款货币银行保有的存款准备（准备存款和库存现金），C 为流通于银行体系之外的现金，这二者对于创造存款缺一不可，因而统称为基础货币。

8. 货币乘数

货币乘数也称货币扩张系数或货币扩张乘数，是指在基础货币（高能货币）基础上，货币供给量通过商业银行的创造存款货币功能产生派生存款的作用产生的信用扩张倍数，即货币供给扩张的倍数。也就是说，货币乘数是指每一个单位基础货币的增减所引起的货币供给量增减的倍数。用公式表示就是 m = Ms/B。

### 9. 铸币税

朝廷铸造重量轻、成色差的货币，并强制百姓按面值接受，从中形成的差额收入，就称为铸币税。其实质是货币面值与货币成本之差，铸币税是封建王朝往往采用的伎俩，进入资本主义自由铸造时期，由于人们可以将黄金拉去铸币厂铸造成金币，因此铸币税在此期间消失。

### 10. 存款准备

存款准备金是金融企业为应付客户提取存款和资金清算而准备的货币资金。存款准备金主要包括三部分：一是按存款总额的一定比例缴存中央银行的存款，称为法定准备金；二是商业银行在中央银行存款中超过法定准备金率的部分，称为超额储备；三是库存现金，也称银行自留准备金。

### 11. 现金回笼

现金回笼是指现金由流通领域回到商业银行的过程，称为现金回笼，现金再从专业银行业务库回到中国人民银行发行库，称为现金入库。在互联网支付时代到来之前，一般春节之前会有大量现金回笼。

### 12. 现金发行

现金发行是有货币发行权（一般为中央银行）的银行向流通中投放的现金数量超过同一时期从流通中回笼到发行库的现金数量。按其性质可分为经济发行和财政性发行。经济发行是依据经济发展的客观需要进行的现金发行，它以生产增长、商品流通的扩大为依据，有充足的商品物质做保证，能保持货币流通的稳定，是正常的现金发行。财政性发行是为弥补财政赤字而进行的现金发行，没有相应的商品及劳务供给作保证，通常会导致流通中货币过多，从而引发通货膨胀。

## 五、简答题

1. 简述原始存款与派生存款的关系。

**答：**（1）原始存款。原始存款是指商业银行接受客户的现金或中央银行签发支票所形成的存款。因为现金和中央银行的支票都属于中央银行向流通中注入的货币量，所以商业银行能吸收到多少原始存款，首先取决于中央银行发行多少货币，其次取决于商业银行对中央银行发行货币的吸收程度。

（2）派生存款。派生存款是指商业银行通过发放贷款、购买有价证券等方式创造的存款，派生存款在数量上等于总存款减去原始存款。

（3）原始存款与派生存款的关系。一定数量的原始存款会形成于数倍于原始存款的总存款，其关系为：总存款＝原始存款×$1/(r_d+t \times r_t+c+e)$，总存款与原始存款的差额称为派生存款。

2. 简述存款货币创造的两个必要条件。

**答**：存款货币的创造必须具备两个紧密联系的必要前提条件：一是各个银行对于自己所吸收的存款只需保留一定比例的准备金；二是银行清算体系的形成。

（1）各个银行对于自己所吸收的存款只需保留一定比例的准备金。银行并不需要为其所吸收的存款保持百分之百的存款准备是前提条件之一。否则，银行吸收多少存款就保留多少存款准备金，那就根本不可能从存款中拿出一部分提供贷款或者持有证券，也就谈不上存款货币的创造过程。

（2）银行清算体系的形成。正是由于活期存款业务的发展推动了清算体系的建立，而在现代银行清算体系中，应收应付差额都可以在各种银行间的同业往来账户或在清算中心开立的账户清算，这就使银行不必准备百分之百的资金以应对所创造存款的提取需要。

3. 简述派生存款的紧缩过程（可用实例分析）。

**答**：（1）存款派生倍数在其相反的过程也同样适用，派生存款的紧缩过程如以下实例分析（假设法定存款准备金率为20%，无超额准备金、现金漏损和定期存款）。

（2）实例分析。假定一企业客户 A 用自己在甲银行的活期存款上缴国税（央行经理国库）10000 元，则甲银行在中央的存款准备金就减少 10000 元，活期存款也减少 10000 元。活期存款减少 10000 元存款准备金只减少 2000 元，甲银行在中央银行的存款准备金差 8000 元。为了弥补这 8000 元的存款准备金，甲银行计划收回客户 B 的贷款 8000 元，客户 B 为了还款须从自己在乙银行开设的账户转 8000 元到甲银行。此时，乙银行的存款准备金和活期存款同时减少 8000 元，活期存款减少 8000 元，乙银行的存款准备金只能减少 1600 元，差额为 6400 元，于是乙银行收回客户 C 的贷款 6400 元……最终贷款紧缩总量为 −10000 − 8000 − 6400 − 5120 −…… = −50000 元。

4. 简述商业银行从中央银行获得准备存款的途径。

**答：** 商业银行的准备存款必须要得到中央银行的不断补充，商业银行可以通过如下三个途径从中央银行获得准备存款：

（1）向中央银行再贴现和直接取得贷款。商业银行在必要时可用未到期的票据再贴现向中央银行申请资金，也可以直接申请再贷款。向中央银行申请再贴现和再贷款会导致商业银行在中央银行的超额准备金增加。

（2）向中央银行出售自己持有的有价证券。商业银行可以向中央银行出售有价证券（债券股票等，但我国商业银行原则上不得进行股票投资）以获取资金。向中央银行出售有价证券会导致商业银行在中央银行的超额准备金增加。

（3）向中央银行出售自己持有的外汇。商业银行也可以将手中持有的外汇出售给中央银行，从而获取资金。向中央银行出售外汇会导致商业银行在中央银行的超额准备金增加。

5. 简述货币发行与铸币税的关系。

**答：** 朝廷铸造重量轻、成色差的货币，并强制百姓按面值接受，从中形成的差额收入，就称为铸币税。其实质是货币面值与货币成本之差，铸币税是封建王朝往往采用的伎俩，进入资本主义自由铸造时期，由于人们可以将黄金运去造币厂铸造成货币，因此铸币税在此期间消失。当今中央银行体制下，央行所发行的货币是否构成铸币税分为如下几个方面：

（1）中央银行发行货币用于国内经济实体之间的计价、购买、支付等不构成铸币税，原因是央行不能用所发行货币直接用于购买商品。虽然央行在此情况下发行货币没有铸币税收入，但其发行货币借贷给商业银行却能获得利息收入。

（2）央行发行的货币不能用于购买普通商品，但却能在国际市场上购买外汇和黄金。外汇也是纸币，购买外汇，其成本之间的差别不大。因此，央行购买外汇虽构成铸币税，但区别不大。购买黄金则直接构成铸币税。

（3）一国央行所发行货币用于国际购买商品和支付则构成铸币税。

6. 为什么现代信用货币制度是最节约的货币制度？

**答**：现代信用货币制度是最节约的货币制度。主要体现在以下几个方面：

首先，节约了货币材料。自然资源充当货币，需要耗费大量的人力、物力，形成很大的社会成本。现代信用货币中的钞票和硬币都是用纸或贱金属制造的，其价值大大低于其票面价值。存款货币本身只不过是银行账户上的一个数字，更是大大节约了自然资源。电子货币，不用说，更是极大的节约。

其次，节约了货币流通费用。现代信用货币制度下，纸币的印制和流通费用比金属货币的铸造、运输、保管费用要低得多。况且，现代信用货币制度下，越来越多的交易采用非现金方式进行，转账结算和电子货币的成本更是大大降低了货币的流通费用。

最后，货币流通速度的加快，可以减少货币需要量。

7. 中央银行为什么不可能无限制地为商业银行补充准备存款？

**答**：（1）从技术性和可能性上来看，中央银行对存款货币银行补充存款准备的能力可以是无限的，因为中央银行只需开动印钞机，就可以不断为商业银行补充准备存款。

（2）从客观经济过程来看，约束则是强有力的。因为如果没有经济增长作保障，强行支持无限制的货币创造，则会促成通货膨胀。现代经济理论认为，货币供给量在一定程度上属于内生变量，即不完全受中央银行控制，在一定程度上是由经济主体决定。

8. 简述存款派生倍数的决定因素。

**答**：根据存款派生倍数的公式 $K = 1/(r_d + t \times r_t + c + e)$，可知其决定因素如下：

（1）活期存款法定存款准备金率。商业银行的活期存款法定准备金率越高，则存款派生倍数越低。

（2）现金漏损率。商业银行的现金漏损率越高，则存款派生倍数越低

（3）超额准备率。商业银行的超额准备金率越高，则存款派生倍数越低。

（4）定期、活期存款比率。商业银行的定期、活期存款比率越高，则存款派生倍数越低。

9. 什么是基础货币？它对货币供给量有什么影响？

**答**：（1）基础货币又称为高能货币、强力货币，国际货币基金组织称其为"准货币"，是指存款货币银行保有的存款准备（准备存款和库存现金）与流通于银行体系之外的现金之和。用公式表示就是 $B=R+C$，其中 $B$ 为基础货币，$R$ 为存款货币银行保有的存款准备（准备存款和库存现金），$C$ 为流通于银行体系之外的现金，这二者对于创造存款缺一不可，因而统称为基础货币。

（2）基础货币会形成数倍于基础货币自身的货币供给量，用公式表示即为 $Ms=mB$，其中 $Ms$ 为货币供给量，$B$ 为基础货币，$m$ 为货币乘数。由于基础货币中的现金不但离开了中央银行而且离开了商业银行，因而不会变化，无论怎样都是 $C$。基础货币中的 $R$ 部分是没有离开商业银行，通过商业银行不断贷款并吸收存款会形成数倍于 $R$ 的货币供应量 $D$，因而货币乘数最终为 $m=(C+D)/(C+R)$，这一公式经过演化最终会与商业银行的存款货币创造乘数相联系。

## 六、论述题

1. 试述货币的双层次创造结构。

**答**：双层次货币创造机制是指货币供应过程中存在两个层次，即商业银行和央行银行两个层次。这是现代货币体系的一个重要特点。

（1）商业银行层次的货币创造。存款货币银行在吸收存款后通过信用扩张，会形成数倍于自身的存款总额的贷款总额，这个倍数我们称之为存款派生乘数。存款派生乘数是银行存款货币创造机制所决定的存款总额与原始存款的比率，又称派生乘数。

存款货币创造必须要有两个前提条件：一是各银行对于自己所吸收的存款只需保留一定比率的准备金，即法定准备金率不能是 100%；二是银行清算系统的建立。

存款派生乘数的大小由以下几个因素所决定，活期存款的法定准备金率、定期存款与活期的比率、定期存款的法定准备金率、超额准备金率和现金漏损率。具体公式如下：

$$K = \frac{1}{r_d + t \times r_t + c + e}$$

其中，$K$ 为存款派生乘数，$r_d$ 为活期存款的法定准备金率，$t$ 为定期存款与活期存款之比，$r_t$ 为定期存款的法定准备金率，$c$ 为现金漏损率，$e$ 为超额准备金率。

（2）中央银行层次的货币创造。中央银行层次的货币创造离不开基础货币。

基础货币又称为高能货币，强力货币，国际货币基金组织称其为"准货币"，是指存款货币银行保有的存款准备（准备存款和库存现金）与流通于银行体系之外的现金之和。用公式表示就是 $B = R + C$，其中 $B$ 为基础货币，$R$ 为存款货币银行保有的存款准备（准备存款和库存现金），$C$ 为流通于银行体系之外的现金，这二者对于创造存款缺一不可，因此统称为基础货币。

一定量的基础货币会形成数倍于基础货币的货币供给量，这个倍数称为货币乘数。货币乘数也称货币扩张系数或货币扩张乘数，是指在基础货币（高能货币）基础上，货币供给量通过商业银行的创造存款货币功能产生派生存款的作用产生的信用扩张倍数，即货币供给扩张的倍数。也就是说，货币乘数是指每一个单位基础货币的增减所引起的货币供给量增减的倍数。用公式表示就是 $m = Ms/B$。

由于基础货币 $B = R + C$，其对应的货币供给量 $Ms = C + D$，其中 $D$ 是未离开银行的 $R$ 所创造的，因此，根据此公式可得出：$m = (C + D)/(C + R)$。

（3）由上分析可以得出，派生存款是商业银行所创造的，但商业银行的创造离不开中央银行为其提供准备存款，因此，货币的创造机制是双层次的货币创造。

2. 论述存款派生乘数及其影响因素。

**答：**（1）存款货币银行在吸收存款后通过信用扩张，会形成数倍于自身的存款总额和贷款总额，这个倍数我们称之为存款派生乘数。存款派生乘数是银行存款货币创造机制所决定的存款总额与原始存款的比率，又称派生乘数。

（2）存款货币创造必须要有两个前提条件：一是各银行对于自己所吸收的存款只需保留一定比率的准备金，即法定准备金率不能是100%；二是银行清算系统的建立。

存款派生乘数的大小由以下几个因素所决定，活期存款的法定准备金率、定期存款与活期的比率、定期存款的法定准备金率、超额准备金率和现金漏损率。具体公式如下：

$$K = \frac{1}{r_d + t \times r_t + c + e}$$

其中，$K$ 为存款派生乘数，$r_d$ 为活期存款的法定准备金率，$t$ 为定期存款与活期存款之比，$r_t$ 为定期存款的法定准备金率，$c$ 为现金漏损率，$e$ 为超额准备金率。

（3）几个因素对存款派生乘数的影响具体如下：

活期存款的法定准备金率对存款派生乘数的影响：活期存款的法定准备金率 $r_d$ 越高，存款派生乘数越小；反之，活期存款的法定准备金率越低，存款派生乘数越大。

定期存款与活期存款之比 $t$ 对派生存款的影响：在其他因素不变的情况下，定期存款与活期存款之比 $t$ 越大，存款派生倍数越大；反之，定期存款与活期存款之比 $t$ 越小，存款派生倍数越小，即二者成同向变化（此处请注意，如果单纯从公式角度考虑，定期存款与活期存款之比 $t$ 越大，存款派生乘数越小，二者是成反向变化的）。

定期存款的法定准备金率对存款派生乘数的影响：一般来说，定期存款的法定准备金率会低于活期存款的法定准备金率，定期存款的法定准备金率 $r_t$ 越大，存款派生乘数越小；反之，定期存款的法定准备金率 $r_t$ 越小，存款派生乘数越大。

现金漏损率对存款派生乘数的影响：现金漏损表明货币不但已经离开了中央银行，而且离开了商业银行，这部分资金不可能创造存款。因此，现金漏损率 $c$ 越大，存款派生乘数越小；反之，现金漏损率 $c$ 越小，存款派生乘数越大。

超额准备金率对存款派生乘数的影响：注意，超额准备金其实是银行随时可以动用的资金，但此处在公式中，是假设银行主动存入超额准备金，应该假定为银行不动用此部分资金，在此假设下，超额准备金率 $e$ 越高，则存款派生乘数越低；反之，超额准备金率越低，存款派生乘数就越高。

（4）由以上分析可以得出，如果央行需要较小的货币乘数，可以做的是提高定期和活期存款的法定存款准备金率，提高超额准备金率，提高现金比率，降低定期存款与活期存款的比率；如果央行需要较大的货币乘数，可以做的是降低定期和活期存款的法定存款准备金率，降低超额准备金率，降低现金比率，提高定期存款与活期存款的比率。

# 第九章　货币需求、货币供给与均衡

## 本章内容摘要

1. 货币需求理论

关于货币需求理论很多，主要包括马克思的货币需求理论（从货币必要量的角度出发）、费雪和剑桥学派的货币需求理论（分别从宏观和微观角度出发并诠释了二者的区别与联系）、凯恩斯的货币需求理论（着重于对货币需求的三个动机及流动性陷阱）、后凯恩斯主义的货币需求理论（继承和发展凯恩斯理论的基础上得出了平方根法则和立方根法则），以及弗里德曼的货币需求理论（从持久性收入出发并得出了与凯恩斯货币需求理论不一样的结论）。

2. 凯恩斯货币需求理论的三个动机

凯恩斯对货币需求理论的突出贡献是关于货币需求的动机。他认为，人们的货币需求行为取决于三个动机，即交易动机、预防动机和投机动机，并在此基础上提出了凯恩斯的流动性陷阱假说。

3. 持久性收入

持久性收入是弗里德曼分析货币需求时提出的概念，可以理解为预期未来收入的贴现值，或预期的长期平均收入。货币需求与持久性收入正相关，强调持久性收入对货币需求的重要作用是弗里德曼货币需求理论的一个特点。

4. 货币供给及其口径

在确定货币供给的统计口径时，各国中央银行均以流动性大小作为分类标准。各国对于货币层次的划分不一，中国按照国际货币基金组织的要求，将货币供给层次划分为 M0（流通中的货币供给量）、M1（狭义货币供给量）和 M2（广义货币供给量）。

5. 内生变量与外生变量

内生变量与外生变量的划分主要依赖于变量是否受模型自身所控制，如果一个变量受模型自身所控制，则称其为内生变量，否则称其为外生变量。

6. 面纱理论

面纱理论认为，货币对于实际经济过程来说就好像笼罩在人脸上的面纱，它的变动除了对价格产生影响外，并不会引起诸如储蓄、投资、经济增长等的变动。如果说在一定条件下，货币供给在短期内还具有增加实际产出的效应，那么从长期考察，货币供给只能增加名义产出量，而不能提高实际产出水平。

 习　题

## 一、单选题

1. 剑桥方程式 $Md = kPY$ 中，$k$ 表示的是（　　　　）。

A. 金融资产收益率　　　B. 利率

C. 货币流通速度　　　　D. 以货币形式保有的收入占名义总收入的比例

2. 下列关于费雪交易方程式的表述，正确的是（　　　　）。

A. 强调即期收入对货币需求的影响

B. 假定货币流通速度 V 和交易数量 T 短期内不变

C. 首次从微观主体的持币动机视角对货币需求问题进行研究

D. 已完全的金币流通为假设条件

3. 下列关于凯恩斯交易性货币需求理论表述正确的是（　　　　）。

A. 主要受利率的影响，是利率的递减函数

B. 主要受收入的影响，是收入的递减函数

C. 主要受收入的影响，是收入的递增函数

D. 主要受利率的影响，是利率的递增函数

4. 下列关于货币需求的表述正确的是（　　）。

A. 强调货币的交易媒介职能时，往往从微观视角对货币需求进行分析

B. 人们对货币的欲望是无限的，因而人们的货币需求也是无限的

C. 货币需求是指在一定的资源制约条件下，微观经济主体和宏观经济运行对执行交易媒介和资产职能的货币产生的总需求

D. 现实中的货币需求仅指对现金的需求

5. 名义货币需求与实际货币需求的根本区别在于（　　）。

A. 是否剔除了汇率变动的影响　　　B. 是否剔除了资产收益率变动的影响

C. 是否剔除了利率变动的影响　　　D. 是否剔除了物价变动的影响

6. 若一国货币一年周转 4 次，该年该国共生产商品 20000 亿元，物价不变，在市场出清的条件下，则该国当年执行流通手段职能的货币必要量为（　　）。

A. 2000 亿元　　　B. 2500 亿元　　　C. 40000 亿元　　　D. 5000 亿元

7. 马克思的货币必要量公式强调的是（　　）。

A. 商品流通决定货币流通的基本原理

B. 货币数量对价格水平的决定性作用

C. 以货币形式保有的收入对货币需求量的决定性作用

D. 货币数量说的基本观点

8. 现金余额说又被称为（　　）。

A. 交易方程式　　B. 平方根定律　　C. 剑桥方程式　　D. 立方根定律

9. 下列关于凯恩斯货币需求理论的表述错误的是（　　）。

A. 认为投机性货币需求主要受利率影响

B. 对预防动机的解释是人们为了应付不测之需而持有货币的动机

C. 认为交易性货币需求主要受收入的影响

D. 认为货币需求是可测的，且相对稳定的

10. 中央银行向某商业银行出售国债 10 万元，则银行系统准备金将会（　　）。

A. 减少 10 多万元　　　　　　　B. 增加 10 万元

C. 减少 10 万元　　　　　　　　D. 增加 10 多万元

11. 世界各国货币层次的划分都以（　　）作为标准。

A. 流动性　　　　B. 利率　　　　C. 汇率　　　　D. 存款准备金率

12. 下列金融变量中直接受商业银行影响的是（　　）。

A. 法定存款准备金比率　　　　　B. 定期存款比率

C. 现金漏损率　　　　　　　　　D. 超额存款准备金率

13. 中央银行提高法定存款准备金比率将导致商业银行信用创造能力（　　）。

A. 不变　　　　B. 下降　　　　C. 上升　　　　D. 不确定

14. 下列受制于中央银行的金融变量是（　　）。

A. 法定存款准备金比率　　　　　B. 定期存款比率

C. 现金流比率　　　　　　　　　D. 超额存款准备金比率

15. 认为货币供给完全由中央银行的行为决定的是（　　）。

A. 货币供给内生论　　　　　　　B. 货币供给外生论

C. 货币供给中性论　　　　　　　D. 货币非中性论

16. 储蓄存款属于我国货币供给层次当中的（　　）。

A. M0　　　　B. M1　　　　C. M2　　　　D. 以上均不正确

17. 关于货币均衡的说法，正确的是（　　）。

A. 是一种偶然现象

B. 货币均衡时名义货币供给量等于实际货币需求量

C. 是一种常态现象

D. 货币均衡时实际货币供给量等于名义货币需求量

18. 在一个金融模型中，货币供给（　　）。

A. 只能是内生变量

B. 既可以是内生变量又可以是外生变量

C. 只能是外生变量

D. 只能是内生变量或外生变量

19. 认为货币供给不会引起实际经济变化的理论是（　　）。

A. 马克思的理论　　B. 凯恩斯的理论　　C. 面纱理论　　　D. 费雪的理论

## 二、多选题

1. 马克思的货币需求理论表明，在一定时期内，执行流通手段职能的货币必要量主要取决于（　　　　）。

A. 商品价格　　　　　B. 货币流通速度　　　C. 商品成本总额

D. 待售商品数量　　　E. 以上均正确

2. 凯恩斯的货币需求理论认为（　　　　）。

A. 投机性货币需求是利率的减函数　　B. 交易性货币需求是收入的增函数

C. 投机性货币需求是利率的增函数　　D. 交易性货币需求是收入的减函数

E. 预防性货币需求是收入的增函数

3. 弗里德曼货币需求函数中的机会成本变量有（　　　　）。

A. 债券的预期名义收益率

B. 收入　　　　　　　　　C. 预期物价变动率

D. 人力财富　　　　　　　E. 以上均不正确

4. 影响我国货币需求的因素主要有（　　　　）。

A. 信用发展状况　　　B. 物价　　　　　　C. 利率

D. 金融资产的收益率　E. 货币流通速度

5. 费雪对其交易方程式的解释为（　　　　）。

A. 货币数量的变动直接引起物价水平成正比例变动

B. 货币仅充当交易媒介

C. 货币流通速度 V 短期内不变

D. 交易数量 T 短期内不变

E. 货币数量的变动直接引起物价水平成反比例变动

6. 强利率变量对货币需求影响的作用的理论包括（　　　　）。

A. 马克思的货币需求理论　　　　B. 费雪交易方程式

C. 平方根法则　　　D. 凯恩斯的货币需求理论　　　E. 以上均正确

7. 以下属于影响弗里德曼货币需求函数的因素的有（　　　　）。

A. 持久性收入　　　　　　　　B. 固定收益的债券利率

C. 非人力财富占个人总财富的比率

D. 非固定收入的证券利率 　　　　E. 汇率

8. 商业银行存款货币创造的前提条件有 （　　　　　　）。

A. 部分准备金制度　　　B. 最后贷款人制度　　　C. 转账结算制度

D. 存款保险制度　　　E. 逐级审核制度

9. 下列关于存款乘数的说法，正确的有 （　　　　　　）。

A. 与原始存款成正比　　　　　　B. 与现金漏损率成正比

C. 与法定存款准备金率成反比　　　D. 与超额存款准备金率成反比

E. 与超额存款准备金率成正比

10. 基础货币包括 （　　　　　　）。

A. 财政存款　　　　　B. 同业存款　　　　　C. 法定存款准备金

D. 公众的手持现金　　E. 以上均正确

11. 下列会引起基础货币减少的情况包括 （　　　　　　）。

A. 央行减少外汇储备　　B. 央行卖出国债　　　C. 央行购买国债

D. 央行收回再贷款　　　E. 央行增加外汇储备

12. 我国基础货币包括 （　　　　　　）。

A. 银行的法定存款准备金　　　　　B. 流通中的现金

C. 金融机构的库存现金　　　　　　D. 个人活期人民币储蓄存款

E. 银行的超额存款准备金

13. 商业银行派生存款的能力 （　　　　　　）。

A. 与超额存款准备金率成反比　　　B. 与原始存款成正比

C. 与现金漏损率成正比　　　　　　D. 与法定存款准备金率成反比

E. 与现金漏损率成反比

## 三、判断题

1. 现金就是通货，通货就是现金。　　　　　　　　　　　　（　　　）

2. 根据马克思的货币量的理论，同名货币流通次数一般都为1。　（　　　）

3. 在费雪方程式当中，M 是一个由模型之外的因素所决定的外生变量。

（　　）

4. 剑桥方程式当中的货币需求量为实际货币需求量。（　　）

5. 凯恩斯认为，投机动机主要是取决于收入。（　　）

6. 在凯恩斯的货币需求理论中，预防动机持有的货币主要取决于收入，且与收入正相关。（　　）

7. 当进入凯恩斯流动陷阱的时候，此时货币需求缺乏弹性。（　　）

8. 弗里德曼的货币需求理论当中，他认为货币流动速度不稳定。（　　）

9. 弗里德曼认为，货币需求对利率不敏感。（　　）

10. 由于现金没有任何收入，因此人们对资产进行选择的时候一般不会选择持有现金资产。（　　）

11. 货币的计量口径是依据货币的流动性来划分的。（　　）

12. 货币供给是由中央银行、居民、企业和政府的行为共同决定的。（　　）

13. 财政部直接向中央银行透支或扩大基础货币可能引发通货膨胀。（　　）

14. 国家通过征税来筹集资金，并不会直接影响基础货币。（　　）

15. 高能货币是流通中的通货与活期存款之和。（　　）

16. 货币供给外生论者认为，货币供给的变动将受制于各种经济因素的变动。

（　　）

17. 一般来说，基础货币是中央银行能够完全控制的，而货币乘数是中央银行完全不能控制的。（　　）

18. 通常，银行体系存款派生乘数大于货币乘数。（　　）

19. 商业银行派生存款的功能与其法定存款准备金率成正比。（　　）

## 四、名词解释

1. 费雪方程式

2. 剑桥方程式

3. 交易动机

4. 预防动机

5. 投机动机

6. 凯恩斯流动性陷阱

7. 平方根法则

8. 持久性收入

9. 1∶8 公式

10. 实际货币需求

11. 名义货币需求

12. 实际货币供给

13. 名义货币供给

14. 狭义货币供给量

15. 广义货币供给量

16. 再贴现率

17. 法定准备金率

18. 外生变量

19. 内生变量

20. 货币均衡与非均衡

21. 面纱论

## 五、简答题

1. 简述马克思关于货币需求的论证。

2. 简述费雪方程式与剑桥方程式的异同。

3. 简述凯恩斯的货币需求理论。

4. 简述弗里德曼的货币需求理论。

5. 简述作为微观主体资产选择的目的和方向。

6. 简述中国的货币供给层次划分。

7. 简述 M1/M2 代表的经济含义。

8. 简述影响居民持币行为的因素。

9. 简述中国货币供给的内生性与外生性问题。

10. 简述影响我国货币需求的因素。

## 六、论述题

试论述货币扩张的产出效应及其扩张界限。

参考答案

## 一、单选题

1. D　2. B　3. C　4. C　5. D　6. D　7. A　8. C　9. D　10. C　11. A　12. D
13. B　14. A　15. B　16. C　17. A　18. D　19. C

## 二、多选题

1. ABD　2. ABE　3. AC　4. ABCDE　5. ABCD　6. CD　7. ABCD　8. AC
9. CD　10. CD　11. ABD　12. ABCE　13. ABDE

## 三、判断题

1. ×　2. ×　3. √　4. ×　5. ×　6. √　7. ×　8. ×　9. √　10. ×　11. √　12. √
13. √　14. √　15. ×　16. ×　17. ×　18. ×　19. ×

## 四、名词解释

1. 费雪方程式

20 世纪初，美国耶鲁大学教授欧文·费雪提出了交易方程式，又称费雪方程式。这一方程式在货币需求理论研究的发展进程中是一个重要里程碑。费雪认为，假设 $M$ 为一定时期内流通货币的平均数量，$V$ 为货币流通速度，$P$ 为各类商品价格的加权平均数，$T$ 为各类商品的交易数量，则有 $MV = PT$。这个方程式是一个恒等式，其中 $P$ 的数值取决于 $M$、$V$、$T$ 这三个变量的相互作用。不过，费雪分析后认为，在这三个经济变量中，$M$ 是一个由模型之外的因素所决定的外生变量，$V$ 由于制度因素在短期内不变，因而可视为常数，交易量 $T$ 对产出水平常常保持固定的比例，也是大体稳定的，因此只有 $P$ 和 $M$ 的关系最重要，所以 $P$ 的值主要取决于 $M$ 的数量变化。

2. 剑桥方程式

费雪方程式没有考虑微观主体动机对货币需求的影响。许多经济学家认为这是一个缺陷。以马歇尔和庇古为代表的剑桥学派在研究货币需求问题时，非常重视微观主体的行为。他们认为，处于经济体系中的个人对货币的需求，实质是选择以怎样的方式持有自己资产的问题，决定人们持有货币的多少时，有个人的财富水平、利率变动，以及持有货币可能拥有的便利等诸多因素。在其他条件不变的情况下，对每个人来说，名义货币需求与名义收入水平之间总是保持着一个较为稳定的比例关系，对整个经济过程来说也是如此，因此有 $M_d = kPY$。其中，$Y$ 为总收入，$P$ 为价格水平，$K$ 为以货币形态保有的财富占名义总收入的比例，$M_d$ 为名义货币需求量。这就是著名的剑桥方程式。

3. 交易动机

在凯恩斯所处时代，无论是购买农副产品，还是进城购买工商业产品，都需要用现金。因此，在身边留有一定的现金就十分方便，这是货币需求的交易动机。凯恩斯认为，基于交易动机所需的现金的需求量与收入成正比。

4. 预防动机

为了应付可能的意外支出等而持有货币的动机称为预防动机。凯恩斯认为，人们基于预防动机持有的现金需求量和收入成正比。

5. 投机动机

投机动机分析是凯恩斯货币需求理论中最有特色的部分。他认为，人们保有货币除去为了交易需求和应对意外支出外，还为了储存价值或者财富。凯恩斯把用于储存财富的资产分为两类：货币与债券。货币是不能产生利息收入的资产，债券是能产生利息收入的资产。人们持有货币，货币在持有期间不能给其持有者带来收益，即收益为零。人们持有债券则有两种可能：如果利率趋于上升，债券价格就要下降；如果利率趋于下降，债券价格就要上升，即债券价格与市场利率成反比。因此，基于投机动机，所需的货币需求量与利率呈负相关。

6. 凯恩斯流动性陷阱

凯恩斯的流动性偏好概念是指人们对货币的需求行为，其理由是货币最具流动性，货币在手则机动灵活，放弃货币也就是放弃机动灵活。由这个判断出发，他还提出了著名的流动性陷阱假说，当一定时期的利率水平低得不能再低时，人们就会产生利率上升的预期，从而债券价格下跌。此时的货币需求弹性就会变得无限大，即无论增加多少货币都会被人们储存起来。

7. 平方根法则

凯恩斯的后继者认为，凯恩斯的货币需求理论需要进行修正，他们在两个方面取得了进展：一是交易性货币需求和预防性货币需求同样都是利率的函数；二是人们多样化的资产选择对投机性货币需求有影响。根据这样的思路，他们提出了一个平方根法则：$M = kY^{1/2}r^{-1/2}$。

8. 持久性收入

持久性收入是弗里德曼分析货币需求时提出的概念，可以理解为预期未来收入的贴现值或者是预期的长期平均收入，货币需求与持久性收入呈正相关，强调持久性收入对货币需求的重要作用是弗里德曼货币需求理论的一个特点。

9. 1：8 公式

自 20 世纪 50 年代以来，中国经济学家对货币需求问题进行了持续的研究。当时习惯使用的是货币必要量的概念，讨论的中心内容是如何理解和应用马克思的货币必要量公式。所谓 1：8，它的具体含义是每 8 元的零售商品供应量需要 1 元人民币来实现其流通。

10. 实际货币需求

货币需求量分为实际货币需求量和名义货币需求量，凡是剔除了价格影响因素之外的货币需求量，称为实际货币需求量，记为 $M_d/P$。

11. 名义货币需求

货币需求量分为实际货币需求量和名义货币需求量，凡是包含了价格影响因素的货币需求量，称为名义货币需求量，记为 $M_d$。

12. 实际货币供给

货币供给量分为实际货币供给量和名义货币供给求量，凡是剔除了价格影响因素之外的货币供给量，称为实际货币供给量，记为 $Ms/P$。

### 13. 名义货币供给

货币供给量分为实际货币供给量和名义货币供给量，凡是包含了价格影响因素的货币供给量，称为名义货币供给量，记为 $Ms$。

### 14. 狭义货币供给量

我国的货币供给划分为三个层次，狭义货币供给量等于流通中的现金加上活期存款之和，用符号 M1 来表示，即 M1＝M0+活期存款。

### 15. 广义货币供给量

我国的货币供给划分为三个层次，广义货币供给量等于狭义货币供给量与定期存款、储蓄存款、其他存款和证券公司客户保证金等之和，用符号 M2 来表示，即 M2＝M1+定期存款+储蓄存款+其他存款+证券公司客户保证金+其他。

### 16. 再贴现率

再贴现率是指货币当局通过变动自己对商业银行所持票据再贴现的再贴现率来影响贷款的数量和基础货币的政策，现在已扩展为商业银行的各种信用支持的利率政策。

### 17. 法定准备金率

法定准备金率被认为是一个作用强烈的工具，当货币当局提高法定准备金率时，商业银行一定比率的超额准备金就会转化为法定准备金，致使商业银行的放款能力降低，货币乘数变小，货币供给量就会相应收缩。降低法定准备金率则会出现相反的调节效果。事实上，不少国家一直没有采用这一政策，而在中国，这一工具经常被使用。

### 18. 外生变量

内生变量和外生变量是典型的计量经济学语言。如果说货币供给是外生变量，其含义是：货币供给这个变量并不是由经济因素（如收入、储蓄、投资、消费等）决定的，而是由货币当局的货币政策所决定的。

### 19. 内生变量

内生变量和外生变量是典型的计量经济学语言。如果说货币供给是内生变量，也就是说对于货币供给的变动，货币当局的操作起不了决定性的作用，起决定性作用的是经济体系中的实际变量（如收入、储蓄、投资、消费等）以及微观主体的经济行为等因素。

20. 货币均衡与非均衡

均衡是一个由物理学引入的经济学概念。一般来说，经济学引入均衡概念是用于描述市场供求的一个对比状态。货币均衡是指货币供给等于货币需求，货币非均衡是指货币供给超过或者说满足不了货币需求。

21. 面纱论

货币对实际产出水平不发生影响的典型理论是早期的面纱论。面纱论认为，货币对于实际经济过程来说就像罩在人脸上的面纱，它的变动除了对价格产生影响外，并不会引起储蓄、投资、经济增长等的变动。如果在一定条件下，货币供给在短期内还具有增加实际产出的效益，那么从长期考察，货币供给只能增加名义产出量，而不能提高实际产出水平。

## 五、简答题

1. 简述马克思关于货币需求的论证。

**答**：马克思的货币需求理论当中，一般用货币必要量来代表货币需求量。为了分析方便，马克思是以完全的金币流通为假定条件。他的论证是：①商品价格取决于商品的价值和黄金的价值，而价值取决于生产过程，所以商品是带着价格进入流通的；②商品价格有多少，就需要有多少黄金来实现它，例如价值 5 克黄金的商品就需要 5 克黄金来购买；③商品与货币交换后商品退出流通，黄金却在流通之中并可以使其他的商品得以出售，从而一定数量的黄金流通几次，就可以使相应倍数价格的商品出售。

$$执行流通手段职能的货币量 = \frac{商品价格总额}{同名货币的流通次数}$$

上式表明，货币量取决于价格的水平、进入流通的商品的数量和货币的流通速度这三个因素。

2. 简述费雪方程式与剑桥方程式的异同。

**答**：（1）费雪方程式。20 世纪初，美国耶鲁大学教授欧文·费雪提出了交易方程式，又称费雪方程式。在货币需求理论研究的发展进程中，这一方程式是一个重要里程碑。费雪认为，假设 $M$ 为一定时期内流通货币的平均数量，$V$ 为货币流通数，$P$ 为各类商品价格的加权平均数，$T$ 为各类商品的交易数量，则有 $MV=PT$。这个方程式是一个恒等式，其中 $P$ 的数值取决于 $M$、$V$、$T$ 这三个变量的相互作用。不过，费雪分析后认为，在这三个经济变量中，$M$ 是一个由模型之外的因素所决定的外生变量，$V$ 由于制度因素在短期内不变，因而可视为常数，交易量 $T$ 对产出水平常常保持固定的比例，也是大体稳定的，因此只有 $P$ 和 $M$ 的关系最重要，所以 $P$ 的值主要取决于 $M$ 的数量变化。

（2）剑桥方程式。费雪方程式没有考虑微观主体的动机对货币需求的影响。许多经济学家认为这是一个缺陷。以马歇尔和庇古为代表的剑桥学派在研究货币需求问题时，非常重视微观主体的行为。他们认为，处于经济体系中的个人对货币的需求，实质是选择以怎样的方式持有自己资产的问题。决定人们持有货币的数量，有个人的财富水平、利率变动，以及持有货币可能拥有的便利等诸多因素。但是，在其他条件不变的情况下，对每个人来说，名义货币需求与名义收入水平之间总是保持着一个较为稳定的比例关系，对整个经济过程来说也是如此，因此有 $Md=kPY$。其中，$Y$ 为总收入，$P$ 为价格水平，$k$ 为以货币形态保有的财富占名义总收入的比例，$Md$ 为名义货币需求量，这就是著名的剑桥方程式。

（3）费雪方程式与剑桥方程式的区别。其一，费雪方程式强调的是货币的交易手段功能；而剑桥方程式则重视货币作为一种资产的功能。其二，费雪方程式把货币需求与支出流量联系在一起，重视货币支出的数量和速度；而剑桥方程式则从用货币形式保有资产的存量的角度考虑货币需求，重视这个存量占收入的比例。所以，也有人称费雪方程式为现金交易说，将剑桥方程式称为现金余额说。其三，费雪方程式从宏观角度用货币数量的变动来解释价格，反过来在交易商品量给定和价格水平给定时，也能在既定的货币流通速度下得出一定的货币需求结论；而剑桥方程式则是从微观角度分析。

（4）如果用 $Y$ 代替 $T$，即用一个较大的口径的收入量代替交易商品量，以及把 $V$ 视为既代表交易货币的流通次数，又代表与收入水平对应的流通速度，则会有 $k=1/v$，就宏观角度来说，并不是不能成立。

3. 简述凯恩斯的货币需求理论。

**答**：凯恩斯对货币需求理论的突出贡献是关于货币需求的动机。他认为，人们的货币需求行为取决于三个动机，即交易动机、预防动机和投机动机，并在此基础上提出了凯恩斯的流动性陷阱假说。

（1）在凯恩斯所处的时代，无论购买农副产品，还是进城购买工商业产品，都需要使用现金。因此，在身边保有一定的现金就十分的方便，这是货币需求的交易动机。凯恩斯认为，基于交易动机所需的现金需求量与收入成正比。

（2）预防动机。为了应付生老病死等意外支出而持有货币的动机，称为预防动机。凯恩斯认为，人们基于预防动机持有的现金需求量和收入成正比。

（3）投机动机。投机动机分析是凯恩斯货币需求理论中最有特色的部分。他认为，人民保有货币除去为了交易需求和应对意外支出外，还为了储存价值或者财富。凯恩斯把用于储存财富的资产分为两类，货币与债券，货币是不能产生利息收入的资产，债券是能产生利息收入的资产，人们持有货币，货币在持有期间不能给其持有者带来收益，即收益为零。人民持有债券则有两种可能：如果利率趋于上升，债券价格就要下降；如果利率趋于下降，债券价格就要上升，即债券价格与市场利率成反比。因此，基于投机动机所需的货币需求量与利率负相关。

（4）基于上述货币需求动机，凯恩斯提出了货币需求函数（见图9-1）：

$$M = M1 + M2 = L_1(Y) + L_2(r)$$

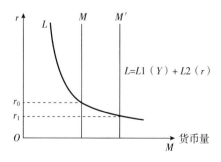

**图 9-1 凯恩斯货币需求理论示意图**

（5）凯恩斯流动性陷阱。凯恩斯的流动性偏好概念是指人们对货币的需求行为，其理由是货币最具流动性，有货币在手则机动灵活，放弃货币也就是放弃机动灵活。由这个判断出发，他还提出了著名的流动性陷阱假说，当一定时期的利率水平低得不能再低时，人们就会产生利率上升，从而债券价格下跌的预期。此时的货币需求弹性就会变得无限大，即无论增加多少货币都会被人们储存起来。

4. 简述弗里德曼的货币需求理论。

**答**：（1）作为现代货币主义的代表人物，弗雷德曼基本上延续了传统货币数量论的观点，即非常重视货币数量与物价水平之间的因果联系。与此同时，他也接受了剑桥学派和凯恩斯学派以微观主体行为作为分析起点和把后货币看作受到利率影响的一种资产的观点。对于货币需求的决定问题，他曾用过不止一个函数，下面这个函数是他最具代表性的货币需求量的公式。

（2）$\dfrac{M_d}{P}=f(y,\ w,\ r_m,\ r_b,\ r_e,\ \dfrac{1}{P}\times\dfrac{\mathrm{d}P}{\mathrm{d}t},\ u)$。$M_d$ 表示名义货币需求量，$P$ 表示物价水平，$y$ 表示名义恒久收入，$w$ 表示非人力财富占总财富的比例，$r_m$ 表示货币的预期名义收益率，$r_b$ 表示债券的预期收益率，$r_e$ 表示股票的预期收益率，$1/P\times\mathrm{d}P/\mathrm{d}t$ 表示物价水平的预期变动率，也就是实物资产的预期收益率，$u$ 表示影响货币需求的其他因素。

（3）持久性收入是弗里德曼分析货币需求时提出的概念，可以理解为预期未来收入的贴现值或者是预期的长期平均收入，货币需求与持久性收入正相关，强调持久性收入对货币需求的重要作用是弗里德曼货币需求理论的一个特点。①$w$ 代表非人力财富占个人总财富的比例，获得资产的收入在总收入中所占的比例。弗里德曼把财富分为人力财富和非人力财富两类。他认为，对大多数财富持有者来说，它的主要资源是其人力财富。在个人总财富中，人力财富所占比重越大，货币需求就越多，而非人力财富所占比例越大，货币需求则相对较少。所以，非人力财富占个人总财富的比例与货币需求呈负相关关系。②$r_m$，$r_b$，$r_e$ 和 $1/P\times\mathrm{d}P/\mathrm{d}t$，在弗里德曼货币需求函数中统称为机会成本变量，即能够从这几个变量的相互关系中，衡量持有货币的潜在收益或潜在损失。其中，$r_m$ 代表货币的预期收益率，$r_b$ 是固定收益的债券利率，$r_e$ 是非固定收益的证券利率。$1/P \times dP/dt$，在弗里德曼货币需求函数中代表预期的物价变动率，同时也是保存实物的名义报酬率。若其他条件不变，物价变动率越高，货币需求量就越小。在物价变动率上升的条件下，人们会放弃货币购买商品，从而减少对货币的需求量。③$u$ 在货币需求函数中反映人们对货币的主观偏好、风尚以及客观技术和制度等多种因素的综合变数。由于 $u$ 是代表多种因素的综合变数，而且各因素对货币需求的影响方向并不一定相同，因此，他们可能从不同的方向对货币需求产生不同的影响。

对于货币需求，弗里德曼最具概括性的论断是：由于持久性收入的波动幅度比现期收入的波动幅度小得多，因此货币需求函数相对稳定。这就意味着货币流动速度（持久性收入除以货币存量）也是相对稳定的。货币流动速度稳定和货币需求对利率不敏感是弗里德曼货币需求理论与凯恩斯的货币需求理论之间的主要差异。

5. 简述作为微观主体资产选择的目的和方向。

**答：** 资产选择对于微观主体货币需求的决定极为重要。

（1）资产选择目的有两个：一是保值；二是生利。

（2）资产选择的方向有三个：其一是购买生利的金融资产，狭义的资产选择是指金融资产选择，金融资产既可以是股票、债券等有价证券，也可以是银行和其他金融机构中各种有利息的存款；其二是持有现金，虽然现金既不能生利，也不能保值，甚至还会贬值，但它具有高流动性，任何其他资产都难以代替；其三是购买实物资产，实物资产，以土地、房屋等有保值和升值等特性的物品为代表。

6. 简述中国的货币供给层次划分。

**答：** 按照国际货币基金组织的要求，现阶段中国货币供给量划分为三个层次：

M0 = 流通中的现金

M1 = M0 + 活期存款

M2 = M1 + 定期存款 + 储蓄存款 + 其他存款 + 证券公司客户保证金

其中，M1 俗称为狭义货币供给量，M2 称为广义货币供给量，M2-M1 称为准货币。

7. 简述 M1/M2 代表的经济含义。

**答**：M1/M2 表明，狭义货币供给相对于广义货币供给的比重，当 M1/M2 的值趋于增大，表明代表现实流通（现实将用于购买和支付）的货币在广义货币供给量中的比重上升，货币供给的流动性增强，货币的流通速度加快；反之，当 M1/M2 的值趋于减小，则表明广义货币工具量中的准货币比重上升，货币供给的流动性减弱，货币流通速度下降。

此外，M1/M2 还可以作为判断经济发展态势的指标之一，M1/M2 的值趋于增大可能表明人们的消费信心和投资信心增强，经济趋热；反之，则可表明人们的消费信心和投资信心减弱，经济趋冷等。

8. 简述影响居民持币行为的因素。

**答**：（1）财富效应。当一个人的收入和财富大量增加时，通常来说他持有现金的增长速度会相对降低，反之亦然。这说明在一般情况下，通货存款比与财富和收入的变动呈反方向变化。

（2）预期报酬率变动的效应。居民持有的现金其报酬率为零，储蓄存款有利息，收益报酬率大于零，证券和债券的收益率比储蓄存款高，但有风险，居民对这些金融资产持有比例的变化都会影响通货存款比的值。

（3）银行是否稳定。假如出现了银行信用不稳定的苗头，居民就会大量取款，通货存款比会因而增大。

（4）非法经济活动。为了逃避法律监督，非法经济活动倾向于用现金进行交易，所以非法经济活动的规模与通货存款比正相关。

9. 简述中国货币供给的内生性与外生性问题。

**答**：（1）内生变量与外生变量。内生变量和外生变量是典型的计量经济学语言。如果说货币供给是外生变量，其含义是：货币供给这个变量并不是由经济因素，如收入、储蓄、投资、消费等因素决定的，而是由货币当局的货币政策所决定的。如果说货币供给是内生变量，也就是说对于货币供给的变动，货币当局的操作起不了决定性的作用，起决定性作用的是经济体系中的实际变量（如收入、储蓄、投资、消费等）以及微观主体的经济行为等因素。

（2）对于中国货币供给是内生变量还是外生变量，在中国是直接从货币供给能否有中央银行有效控制这个角度提出的，主要有两个方面的观点：其一是认为货币供给可以由中央银行有效控制（外生变量观点）；其二是认为货币供给不能由中央银行完全有效控制（并非否定外生论）。认为货币供给可以由中央银行有效控制的观点，其理论依据为：第一，经济体系中的全部货币都是从银行流出的。从本源上来说，都是由中央银行资产负债表业务决定的，只要控制住每年新增贷款的数量，货币供给的总闸门就可以把牢。第二，中国的中央银行并非没有控制货币供给增长的有效手段，而是没有用好这个手段。无论来自各方的压力多么强大，中央银行始终坚持按照稳定通货，稳定物价的政策，严格掌握信贷计划，那么货币供给就不会增长过快，这是较为明确的货币供给外生变量的观点。

（3）认为货币供给不能由中央银行决定的观点也很普遍，但并非反对货币供给外生变量论，譬如有一种意见，从"究竟谁是货币当局"这个角度提出问题，认为在中国目前的条件下，中央银行没有独立的决策地位，货币紧缩或宽轻松大多是由更高的决策层所做出的，因此只能认为货币政策的执行权在中央银行，而货币政策的决策权并不在中央银行。

10. 简述影响我国货币需求的因素。

答：影响我国货币需求的因素很多，主要有如下一些：

（1）收入。居民收入越高，对货币需求量越大。

（2）价格。商品价格越高，对货币需求量越大。

（3）利率。存款利率越高，居民愿意更多地存款，货币需求量减少。

（4）货币流通速度。货币流通速度越快，对货币需求量越小。

（5）金融资产的收益率。金融资产的收益率越高，人们持有现金的意愿降低，对货币需求量减少。

（6）企业与个人对利润与价格的预期。具体问题具体分析。

（7）财政收支状况。

（8）其他因素。

## 六、论述题

试论述货币扩张的产出效应及其扩张界限。

**答：**货币供给的变动能否对实际产出产生影响，是货币经济学中历来存在分歧的重大问题之一。

（1）认为货币对实际产出水平不发生影响的典型理论是早期的面纱论。面纱论认为，货币对于实际经济过程来说就像罩在人脸上的面纱，它的变动除了会对价格产生影响外，并不会引起储蓄、投资、经济增长等的变动。如果说在一定条件下，货币供给在短期内还具有增加实际产出的效益，那么从长期考察来看，货币供给只能增加名义产出量，而不能提高实际产出水平。

（2）马克思在资本论中曾提出第一推动力的说法。他认为，再生产扩张的起点是企业对实际生产资料和劳动力的购买，如果企业没有掌握足够的货币或者不存在订货的刺激，也就是需求的牵引，即使客观上存在可以利用的资源，再生产规模的扩张也无从实现。与面纱论不同，马克思对货币的估价是积极的。

（3）在货币量能否推动实际产出的论证中，现在已被广泛认可的是联系潜在资源、可利用资源的状况进行分析的方法，又称为"三阶段论"。第一阶段，只要经济体系中存在着现实可用于扩大再生产的资源，并且其数量又比较充分，那么在预定时间内增加货币供给就能提高实际产出水平而不会推动价格总水平的上涨。第二阶段，待潜在资源的利用持续一段时期，且货币供给仍在继续增加后，经济中可能出现实际产出水平与价格水平都存在提高的现象。第三阶段，当潜在资源已被充分利用但货币供给仍在继续扩张，经济体系中就会产生价格总水平上涨但实际产出水平不变的情况（见图9-2）。

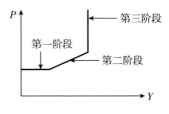

图9-2 "三阶段论"示意图

# 第十章　开放经济的均衡

👨 **本章内容摘要**

1. 国际收支的定义

国际收支是在一定时期内一个国家或地区和其他国家或地区之间进行的全部经济交易的系统记录。它包括对外贸易和对外投资状况，是贸易和投资以及其他国际经济交往的总和。

2. 国际收支平衡表的定义

国际收支平衡表是一种统计报表，全面系统地记录一国或地区的国际收支状况。

3. 国际收支平衡表的项目划分

国际收支平衡表可划分为三类项目：经常账户项目（货物和服务、初次收入、二次收入），资本和金融账户项目（资本账户、金融账户、储备资产），净误差与遗漏。

4. 国际收支失衡及调节

为了把握国际收支在性质上是否平衡，我们把国际经济交易划分成自主性交易和调节性交易；通常判断一国国际收支是否平衡，主要是看其自主性交易是否平衡。国际收支失衡包括多种原因，相对应也有多种失衡的调节方式。

5. 国际储备的定义

国际储备是一国或地区官方所拥有的且可以随时使用的国际储备性资产。其作用主要是应对国际收支失衡、维持汇率稳定。国际储备资产主要包括货币当局持有的黄金、在国际货币基金组织的储备头寸、特别提款权、外汇储备及其他债权。

6. 国际资本流动的定义

国际资本流动是指资本跨越国界的移动过程。通常是通过国际借贷、有价证券的买卖或其他财产所有权的交易来完成的。

7. 外债的定义

外债是指一切本国居民对非居民承担的、契约性的，以及外国货币或者本国货币为核算单位的、有偿还义务的负债。

 习 题

## 一、单选题

1. 目前，世界各国普遍使用的国际收支概念是建立在（　　　）的基础上。

A. 收支　　　　　B. 交易　　　　　C. 现金　　　　　D. 贸易

2. 关于国际收支平衡表描述不正确的是（　　　）。

A. 是按复式簿记原理编制的

B. 每笔交易都有借方

C. 借方总额与贷方总额一定相等

D. 借方总额与贷方总额并不相等

3. 国际收支平衡表中的投资收益属于（　　　）。

A. 经常账户　　　B. 资本账户　　　C. 错误与遗漏　　　D. 官方储备

4. 按照国际收支平衡表的编制原理，凡引起资产增加的项目应记入（　　　）。

A. 借方　　　　　B. 贷方　　　　　C. 借贷双方　　　D. 附录

5. 国际收支中的周期性不平衡是由（　　　）造成的。

A. 汇率的变动　　　　　　　　　B. 国民收入的增减

C. 经济结构不合理　　　　　　　D. 经济周期的更替

6. 通常判断一国国际收支是否平衡，主要看其（　　）是否平衡。

A. 经常项目　　　　　　　　　B. 资本和金融项目

C. 自主性交易　　　　　　　　D. 调节性交易

7. 在以下影响一国国际储备需求的因素中，与一国国际储备需求正相关的因素是（　　）。

A. 持有国际储备的成本　　　　B. 一国经济的对外开放程度

C. 货币的国际地位　　　　　　D. 外汇管制的程度

8. 一国货币贬值能改善国际收支的条件是进出口需求弹性之和（　　）。

A. 大于1　　　B. 大于0　　　C. 小于0　　　D. 小于1

9. 专利、版权、商标的交易，记入国际收支平衡表的（　　）。

A. 经常账户　　　　　　　　　B. 资本账户

C. 金融账户　　　　　　　　　D. 净误差与遗漏账户

10. 目前，各国的国际储备构成中主体是（　　）。

A. 黄金储备　　　　　　　　　B. 外汇储备

C. 特别提款权　　　　　　　　D. 在IMF中的储备头寸

11. 下列不是国际储备性资产的是（　　）。

A. 货币性黄金　　　　　　　　B. SDR

C. 外汇储备　　　　　　　　　D. 各国在国际货币基金组织的存款

12. 在发展中国家，外债偿债率的国际警戒线标准是（　　）。

A. 10%　　　　B. 25%　　　　C. 50%　　　　D. 100%

13. 以下不属于国际游资特点的是（　　）。

A. 交易杠杆化　　B. 快速流动　　C. 投机性强　　D. 分兵作战

14. 国际收支出现大量顺差时会导致（　　）。

A. 本币汇率上浮，出口增加

B. 本币汇率上浮，出口减少

C. 本币汇率下降，出口增加

D. 本币汇率下降，出口减少

15. （　　）的宗旨是避免成员国竞争性的货币贬值，协助成员国克服国际收支困难。

A. 国际清算银行　　　　　　　　B. 国际货币基金组织

C. 世界银行　　　　　　　　　　D. 金砖国家新开发银行

## 二、多选题

1. 经常账户由（　　　　　　　）构成。

A. 货物　　　　　B. 服务　　　　　　　C. 初次收入

D. 二次收入　　　E. 金融账户

2. 一国国际储备的主要构成项目有（　　　　　　）。

A. 黄金储备　　　B. 外汇储备　　　　　C. 特别提款权

D. 普通提款权　　E. 其他债权

3. 国际储备资产包括（　　　　　　）。

A. 货币性黄金　　　B. 外汇资产　　　　　C. 其他债权

D. IMF 所分配的特别提款权　　　　　E. 在 IMF 的储备头寸

4. 与其他储备资产相比，特别提款权主要有（　　　　　　）的特点。

A. 不具有内在价值　　　　　　　B. 是纯粹账面上的资产

C. 分配极不均匀　　　　　　　　D. 具有严格限定的用途

E. 具有内在价值

5. 国际资本流动反映在有关国家国际收支平衡表中的（　　　　　　）。

A. 金融账户的直接投资　　　　　B. 净差错与遗漏

C. 金融账户的单方面转移　　　　D. 经常账户的单方面转移

E. 资本账户的单方面转移

## 三、判断题

1. 经常项目如果是顺差，政府掌握的国际储备将增加；反之，则减少。

（　　　）

2. 判断一国国际收支是否平衡，主要看其调节性交易是否平衡。　（　　　）

3. 国际收支平衡表是按照复式记账原理编制的。　　　　　　　　（　　　）

4. 政府、银行从国外借款应记入国际收支平衡表的借方。 （  ）

5. 国际收支的平衡与否不仅需要看自主性交易情况，而且还要看调节性交易情况。 （  ）

6. 国际收支记录的是一个国家的居民和其他国家居民之间所有的经济交易。 （  ）

7. 本币汇率对外贬值并不一定能够改善贸易收支状况。 （  ）

8. 在实行严格外汇管制的国家里，外汇收支顺差会引起货币供应量的减少。 （  ）

9. 国际储备的功能包括储备资产的增值保值和提高对外投资的收益率。 （  ）

10. 资本外逃就是资本流出。 （  ）

11. 特别提款权是当前各国最重要的国际储备资产。 （  ）

12. 中央银行提高再贴现率可能会吸引外资流入，进而改善国际收支。 （  ）

13. 外债规模主要影响外汇收支的短期平衡。 （  ）

14. 外汇收支对货币供给的影响主要表现再商业银行活动层次上。 （  ）

15. 对于一个面临失业和国际收支逆差双重问题的国家，政府应实行紧缩性财政政策和膨胀性金融政策。 （  ）

## 四、名词解释

1. 国际收支平衡表

2. 自主性交易

3. 调节性交易

4. 国际收支调节

5. 国际储备

6. 经常项目差额

7. 特别提款权

8. 资本外逃

## 五、简答题

1. 简述国际收支平衡表的概念及主要项目。

2. 简述经常项目的主要子项内容。

3. 简述国际收支失衡的原因。

4. 简述国际收支调节的方式。

5. 简述国际储备的概念和作用。

6. 衡量一国外债规模的常用指标有哪几个?

## 六、论述题

1. 什么是国际收支失衡? 国际收支失衡是否一定是坏事? 国际收支失衡对国内经济具有哪些方面的重要影响?

2. 外汇收支对国民经济的调节作用有哪些?

3. 什么是外资? 试论述我国利用外资的政策方针及管理方式。

4. 论述调节国际收支失衡的调整政策,以及在我国的实践情况。

 参考答案

## 一、单选题

1. B　2. D　3. A　4. A　5. D　6. C　7. B　8. A　9. B　10. B　11. D　12. B　13. D　14. B　15. B

## 二、多选题

1. ABCD　2. ABCDE　3. ABCDE　4. ABCD　5. ACDE

## 三、判断题

1. ×　2. ×　3. √　4. ×　5. ×　6. ×　7. √　8. ×　9. ×　10. ×　11. ×　12. √

13. ×　14. √　15. ×

## 四、名词解释

### 1. 国际收支平衡表

国际收支平衡表是指一种统计报表，全面系统地记录一国的国际收支状况。作为国际货币基金组织的成员国，有义务编制国际收支平衡表，并向世界发布。由于可以全面系统地记录一国的国际收支状况，国际收支平衡表已经成为反映一个国家对外经济发展、偿债能力等状况的重要文件，也是一个国家在制定外汇政策等宏观经济政策时的重要依据。国际收支平衡表的记录原则主要有复式记账原则、权责发生制、按照市场价格记录，以及所有的记账单位一般要折合为同一种货币。各国国际收支平衡表的格式基本相同，所列项目略有差异，但通常都包含经常项目、资本和金融项目、储备资产和净误差与遗漏。

### 2. 自主性交易

自主性交易是指企业、单位和个人由于自身的需要而进行的交易，如商品和服务的输出入、赠予、侨民汇款和长期资本流出入。自主性交易是由生产经营、单方面支付和投资的需要所引起，与国际收支其他项目的大小无关。通常判断一国国际收支是否平衡，主要是看其自主性交易是否平衡。如果一国国际收支不必依靠调节性交易而通过自主性交易就能实现基本平衡；反之，如果自主性交易收支出现差额，必须通过调节性交易来维持收支平衡，则为国际收支失衡。

### 3. 调节性交易

调节性交易是指在自主性交易产生不平衡时所进行的用以平衡收支的弥补性交易，如向国外银行和国际金融机构借用短期资本、进口商取得分期付款的权利以及动用国际储备等。调节性交易则是因为国际收支其他项目出现差额，需要去弥补，才相应发生。如果一国国际收支不必依靠调节性交易而通过自主性交易就能实现基本平衡，则为国际收支平衡；反之，如果自主性交易收支出现差额，必须通过调节性交易来维持收支平衡，则为国际收支失衡。

### 4. 国际收支调节

国际收支调节是指当一国国际收支经常出现失衡，而且收支差额较大、持续时间较长时，国家采取的争取国际收支平衡的政策措施。针对不同类型的国际收支失衡，国际收支调节的手段也有所不同。此外还要注意，国际收支失衡往往是由多方面因素造成的，因此解决国际收支失衡时，各种手段需要协调配合实施。此外，在对国际收支进行调节时，还需要考虑国内经济的承受力。具体地看，调节国际收支的手段主要有：①采取财政手段；②调整汇率，以调节进出口；③调整利率，以影响资本的流出入；④利用政府间信贷和国际金融机构的贷款；⑤实行外汇管理，对外汇收支与汇率实行直接的行政性干预；⑥加强国际经济合作。在我国目前的经济条件下，外汇管理在现阶段仍是调节国际收支最有效、最迅速的手段。

5. 国际储备

国际储备是一国或地区官方拥有的、可以随时使用的国际储备性资产，可以由财政部门拥有，也可以由中央银行拥有。必须具备三个特性：可得性、流动性、普遍接受性。国际储备资产主要包括货币当局持有的黄金、在国际货币基金组织的储备头寸、特别提款权、外汇储备以及其他债权。其中，最重要的是外汇储备。

6. 经常项目差额

经常项目差额是指经常项目下贸易、服务和转让收支这三个项目的差额相抵后的净差额。如果贸易项目有逆差，可以依靠服务和转让收支项目顺差来平衡。经常项目差额与贸易差额有密切的联系。由于贸易差额是经常项目的主要构成部分，通常情况下两者的差额是同方向的。经常项目的差额说明一国对外债权债务关系的变动情况。如果经常项目有逆差，表示从国外净动用了一些商品、服务供国内使用，相应地减少本国在外国的资产或增加对外国的负债。如果经常项目有顺差，表示向国外净供应了一些商品和服务，相应地会增加本国对外的资产或减少对外的负债。比较贸易差额来说，经常项目差额更能精确地反映一国对外债权债务关系的变化状况。

7. 特别提款权

特别提款权（Special Drawing Right，SDR），也称"纸黄金"（Paper Gold），最早发行于1969年，是国际货币基金组织根据会员国认缴的份额分配的，可用于偿还国际货币基金组织债务、弥补会员国政府之间国际收支逆差的一种账面资产。其价值由美元、欧元、人民币、日元和英镑组成的一篮子储备货币决定。会员国在发生国际收支逆差时，可用它向基金组织指定的其他会员国换取外汇，以偿付国际收支逆差或偿还基金组织的贷款，还可与黄金、自由兑换货币一样充当国际储备。因为它是国际货币基金组织原有的普通提款权以外的一种补充，所以称为特别提款权。

8. 资本外逃

资本外逃也称资本逃逸、保值性资本流动，是以规避资本流动管理为目的的，短期资本持有者迅速将其资本从一国转移到另一国的行为或过程。资本外逃的原因包括资本安全因素和资本收益因素。资本外逃的渠道主要有：①各种形式的空壳公司；②外方通过产品出口和原材料的定价手段赚取高额利润，变相抽回资本；③外汇指定银行柜台把关不严；④外方对投资设备作价高估，造成虚假投入资本外逃对于一国的经济发展和国际收支稳定有着十分不利的影响。因此防止资本外逃是国家宏观经济管理的一项重要任务。

## 五、简答题

1. 简述国际收支平衡表的概念及主要项目。

**答**：国际收支平衡表是指一国根据国际经济交易的内容和范围设置项目，按照复式记账原理，系统地记录该国在一定时期内各种对外往来所引起的全部国际经济交易的统计报表。二战后，国际货币基金组织收集并公布各成员国国际收支平衡表，并为此制定了编制国际收支平衡表的记账方法和基本内容。编制国际收支平衡表的记账方法是复式记账法，即每一笔交易都是以价值相等、方向相反的账目表示。因此，国际收支平衡表在反映和记录一个国家对外经济交易时，一切收入项目、负债增加项目和资产减少项目都列为贷方，或称正号项目；一切支出项目、负债减少项目和资产增加项目都列为借方，或称负号项目。国际收支平衡表的内容非常复杂、广泛，各国编制的国际收支平衡表也不尽相同，但均包括以下主要项目：

（1）经常账户。反映实际资源在国际间流动的经济行为的项目，它是国际收支平衡表中最基本、最重要的项目，主要包括货物、服务、收入和经常转移。

（2）资本和金融账户。其中，资本账户的主要组成部分包括资本转移和非生产、非金融资产收买或放弃。金融账户记录的是一国对外资产负债变更的交易，包括非储备性质的金融账户和储备资产非储备性质的金融账户可按投资方式划分为直接投资、证券投资、金融衍生工具和其他投资四项。储备资产指的是由中央银行或财政部门持有的可随时直接使用的金融资产，包括货币黄金、特别提款权、在基金组织的储备头寸、外汇储备以及其他储备资产。

（3）净误差与遗漏项目。它是反映经常项目和资本与金融项目收支差额的项目。

2. 简述经常项目的主要子项内容。

**答：**经常项目反映本国与外国交往中经常发生的项目，也是国际收支中最重要的项目。主要子项有：

（1）货物贸易包括通过海关进出口的所有货物以及一些虽然不经海关，但属于国际经济交往的货物交易。

（2）服务贸易涉及的项目比较繁杂，包括运输、旅游、建筑承包等商业服务以及一部分政府服务。

（3）收益包括职工报酬和投资收益两项。

（4）经常转移又称单方转移，是指不以获取收入或支出为目的的单方面交易行为，包括侨汇、无偿援助等。

3. 简述国际收支失衡的原因。

**答：**国际收支失衡的原因很多，但概括起来主要有如下几类：

第一，一国处于经济发展阶段常常需要进口大量技术、设备和重要原材料，而受生产和技术限制出口较少。

第二，受经济结构制约，由于有些国家经济结构比较单一，当某种商品受到国家市场冲击需求减少时，以该种产品出口赚汇的国家必然受到影响。

第三，在汇率不变的情况下，受到一国国内通货膨胀的影响，通货膨胀较高，出口减少，进口增加，形成逆差；反之，则形成顺差。

第四，受汇率波动的影响，本币升值贬值会造成相应国家的国际收支失衡。

第五，受到利率变化的影响，利率的升高或降低会导致资本的流入流出，产生国家收支失衡。

第六，受经济周期的影响，经济繁荣或萧条时期，资本会流入流出，形成国家收支失衡。

4. 简述国际收支调节的方式。

**答**：（1）贸易政策调节。通过经济的、行政的手段鼓励出口，限制进口，减少贸易逆差。

（2）汇率调节政策。在国际收支逆差过大时，调低本币汇率；顺差过大时，调高本币汇率。

（3）利率调整政策。国际收支逆差时中央银行提高贴现率，带动利率提高，吸引资本流入，反之则降低贴现率，限制资本流入。

（4）利用政府信贷和国际金融机构贷款，以弥补国际收支逆差。

（5）实行比较严格的外汇管理，对外汇支出加以限制。

5. 简述国际储备的概念和作用。

**答**：国际储备是指一国货币当局能随时用来干预外汇市场，支付国际收支差额的资产。国际储备具有三个特征：可得性、流动性和普遍接受性。

各国持有国际储备的主要目的是：

第一，清算国际收支差额，维持对外支付能力。

第二，干预外汇市场，调节本国货币的汇率。

第三，信用保证。国际储备一方面可以作为政府向外借款的保证；另一方面也可以用来维持对本国货币价值稳定性的信心。

6. 衡量一国外债规模的常用指标有哪几个？

**答**：外债是指一切本国居民对非居民承担的、契约性的、以外国货币或者本国货币为核算单位的、有偿义务的负债。

确定外债规模要考虑两个基本因素：

（1）国内资金的需要。有两层含义：①资金缺口，是指为保持一定经济增长速度所需投入的资金与国内本身所能积累的资金的差额。②外汇缺口，是指为尽快提高本国生产和技术水平，常需进口相当数量的先进技术和设备等，而可动用的外汇收入，如一时难以满足需要而出现的外汇差额。

（2）偿还外债的能力。国际上通行的衡量外债规模的指标包括：①偿债率。偿债率为当年中长期外债还本付息额加上短期外债付息额与当年货物和服务项目下外汇收入之比，用以反映一个国家当年所能承受的还本付息能力，国际上认为的警戒线通常为20%，发展中国家为25%。②债务率。债务率是指年末外债余额与当年货物和服务贸易外汇收入之比，用以反映一国国际收支口径的对外债总余额的承受能力，警戒线为100%。③负债率。负债率是指外债余额与国民生产总值之比，用以反映国民经济状况与外债余额相适应的关系，警戒线为20%。

对于外债规模的掌握，上述指标均为参考指标。对于具体的国家来说，判断其外债规模和增长速度合理与否，要综合、动态地考虑该国经济发展的水平、经济发展战略、贸易产品结构、外债的投向、外汇储备水平，以及国际资本流动形势等因素。

## 六、论述题

1. 什么是国际收支失衡？国际收支失衡是否一定是坏事？国际收支失衡对国内经济具有哪些方面的重要影响？

**答：**（1）对国际收支失衡的判断。国际收支平衡表上的项目可以分为自主性交易项目和调节性交易项目。自主性交易也称事前交易，是指个人或经济实体为了经济上的某种目的而自主进行的交易。调节性交易也称事后交易，是指在自主性交易出现缺口或差额时进行的弥补性交易。自主性交易是否平衡，是衡量国际收支长期性平衡的一个重要标志。

（2）国际收支失衡不一定都是坏事。国际收支失衡不一定都是坏事，应该分析引起失衡的原因。国际收支平衡需考虑短期安排和长期安排。从短期来看，保持年度收支平衡十分必要。从长期来看，应考虑国家未来发展作战略性安排。对于发展中国家来说，国际收支是为本国经济发展和优化经济结构服务的，因此，经常项目赤字通常是被允许的。

（3）国际收支失衡对国内经济具有重要影响。对外，国际收支失衡造成汇率、资源配置、福利提高的困难；对内，国际收支失衡造成经济增长与经济发展的困难，即对外的失衡影响到国内经济的均衡发展，因此需要进行调整。

1）国际收支逆差的影响：导致外汇储备大量流失；导致该国外汇短缺，造成外汇汇率上升，本币汇率下跌；使该国获取外汇的能力减弱，影响该国发展生产所需的生产资料的进口，使国民经济增长受到抑制，进而影响一国的国内财政以及人民的就业。

2）国际收支顺差的影响：破坏国内总需求与总供给的均衡；增加了外汇对本国货币的需求，导致外汇汇率下跌，本币汇率上升；丧失获取国际金融组织优惠贷款的权力；影响其他国家经济发展，导致国际贸易摩擦。

2. 外汇收支对国民经济的调节作用有哪些？

**答**：外汇收支不仅可以沟通内外经济，而且可以起到调节总供求的作用。

（1）通过调节外汇收支，可以调节社会总产品和国民收入的生产总额与分配、使用总额之间的矛盾。组织外汇收支平衡，则可以使社会总产品的分配额和使用额不会单纯受到生产额制约。在一定时期内保持进口大于出口，并利用吸收外资的措施保持积极平衡，就可以使社会总产品得到一个追加额，并在国内生产总额既定的情况下，相应地增加分配额和使用额。反之，在一定时期内保持出口大于进口，增加外汇储备，则意味着社会总产品的部分扣除，相应减少了国内商品的供给。所以，在国内总需求大于总供给及资金有缺口的情况下，适当安排贸易逆差，并吸收外资保持平衡，就有利于缓和国内供求矛盾与资金不足的状况，从而形成发展经济的稳定环境。

（2）调节外汇收支可以促进技术开发和产业结构调整。发展中国家技术水平相对落后，产业结构不能适应国际化发展的要求。通过调节外汇收支，主要是扩大出口、利用外资，以引进国外先进的技术和设备及重要原材料，以便以较快速度提高生产技术水平，调整产业结构，大大增加社会商品供给。

（3）调节外汇收支可以促进资源转化。一个国家很难拥有一切所需的资源，或者受技术限制而使生产成本过高，进而限制了商品供给结构的改善。通过外汇收支的调节，利用国际市场，出口长线资源，进口紧缺资源，以尽快调整商品的供给结构，缓和社会总需求与总供给的矛盾。同时，借助外汇调节，可以转化内部资源，为调节社会总供给和总需求提供更大的余地。

（4）通过外汇调节，可以提高国民收入，增辟财源。增加出口，利用外资最终都会促进国民收入的增加，只要出口策略得当，则可以获得比较利益。

3. 什么是外资？试论述我国利用外资的政策方针及管理方式。

**答：** 外资是相对本国资本而言的，是指在本国境内使用但其所有权属于外国人（包括外国法人和自然人）的资本。利用外资的最主要形式有国外直接投资、对外借款、发行债券和股票上市融资。

中国利用外资的政策方针旨在进一步扩大对外开放，提高利用外资的质量和水平，促进经济的高质量发展。中国政府通过实施一系列政策措施，鼓励和吸引外资进入中国市场，同时保护外商投资合法权益，优化外商投资环境。多年来鼓励利用外资的政策，对我国国民经济发展和人民生活水平的提高起到了重要的促进作用，有利于弥补国内建设资金的不足，有利于引进先进技术来促进产业升级，有利于吸收先进的企业经营管理经验，有利于创造更多的就业机会和增加国家财税收入等。实践证明，利用外资对我国国民经济的快速、健康和稳定发展发挥了不可替代的作用。外资流入能补充国内资金不足，有利于引进先进的管理理念和技术，推动中国市场经济的形成和发展。

引入外资是一把双刃剑。当前对外资的超国民待遇也造成一定的负面影响，必须调整相关政策，加强对外资的管理：首先，统一中外企业的税收，国家应尽快建立中资企业和外商投资企业统一的所得税制度，统一计税的法律依据和税率，营造公平的税收环境；其次，改变政府干预市场的行为；再次，加大监管力度，通过政策手段加强对外资流入的正确引导和科学管理；最后，从国际经验来看，国家对外资的区域性优惠大多集中在各种问题区域，如经济相对落后地区等，因此为促进地区经济协调发展，必须对东部地区和西部地区采取不同的利用外资政策，积极引导外资投向中西部地区和东北地区。

总之，中国利用外资的政策方针和管理模式体现了中国政府对外开放的决心，旨在为外资企业提供更加公平、透明、可预期的投资环境。应该统筹国内发展和对外开放，妥善处理好利用外资与国际收支平衡、利用外资与用好国内资金之间的关系，促进国内产业结构和区域经济结构的调整优化，切实提高利用外资的质量。

4. 论述调节国际收支失衡的调整政策，以及在我国的实践情况。

**答：**（1）调节国际收支失衡的政策：①支出转换型政策，指不改变社会总需求和总支出而改变需求和支出方向的政策，主要包括汇率政策、补贴和关税政策以及直接管制。改变方向是指将国内支出从外国商品和劳务转移到国内的商品和劳务。②支出增减型政策，指改变社会需求或支出总水平的政策，主要包括财政政策和货币政策。这类政策通过改变社会总需求或总支出水平，来改变对外国商品、劳务和金融资产的需求，达到调节国际收支的目的。财政政策是政府利用财政收入、财政支出和公债对经济进行调控的经济政策，货币政策是中央银行通过调节货币供应量与利率来影响宏观经济活动水平的经济政策。③融资型政策，在短期内利用资金融通的方式来弥补国际收支赤字、实现经济稳定的一种政策，主要包括官方储备的使用和国际信贷便利的使用。如果国际收支不平衡是由临时性的、短期性的冲击引起的，就可以用融资方法弥补，避免调整的痛苦；如果国际收入不平衡是由中长期因素导致的，那么就势必要运用其他政策进行调整。④供给型政策简称供给政策，主要包括产业政策和科技政策。产业政策和科技政策旨在改善一国的经济结构和产业结构、增加出口商品和劳务的生产、提高产品质量、降低生产成本，以此达到改善国际收支的目的。供给政策的特点是具有长期性，可以从根本上提高一国的经济实力和科技水平，从而为实现内部均衡和外部平衡创造条件。⑤道义与宣示型政策，指政府在经济和行政手段之外所采取的、没有强制约束力的收支调节政策，如政府的指导谈话、发言等。道义与宣示型政策的效果一方面取决于政府号召力和公信力的大小；另一方面也与国际收支不平衡的持续性有关，长期的收支不平衡不可能仅仅通过道义和宣示手段来消除，而必须配合经济本身的调整。

（2）在我国的实践情况。①国际收支态势在经历长期"双顺差"后趋向基本平衡。②我国经常账户顺差总体呈现先升后降的发展态势。1994年以来，经常账户开始了持续至今的顺差局面。其中，1994~2007年，经常账户顺差与国内生产总值（GDP）之比由1%左右提升至9.9%，外向型经济特征凸显，在此期间也带动了国内经济的快速增长。2008年国际金融危机进一步表明，我国经济应降低对外需的依赖，更多转向内需。2008年起我国经常账户顺差与GDP之比逐步回落至合理区间，2017 年降至 1.3%，2018 年上半年为-0.4%，说明近年来内需尤其是消费需求在经济增长中的作用更加突出，这也是内部经济结构优化与外部经济平衡的相互印证。③我国跨境资本由持续净流入转向双向流动。在 1994 年经常账户开启长期顺差局面后，我国非储备性质金融账户也出现了长达二十年左右的顺差。在此情况下，外汇储备余额持续攀升，最高接近 4 万亿美元。2014 年以来，在内外部环境影响下，非储备性质金融账户持续了近三年的逆差，2017 年和 2018 年上半年转为顺差；同时，外汇储备也从 2014 年历史高点回落，2017 年转为上升，2018 年以来总体较为稳定。④"双顺差"阶段我国的政策选择。一是实施积极的财政政策。保持适当的财政赤字和国债规模，着力优化财政支出结构，增加"三农"、欠发达地区、民生社会事业、结构调整、科技创新等重点支出。通过对国内公共品的投资扩大内需，从而降低出口量，扩大进口量，减少贸易顺差；调节投资流向，鼓励产业结构由劳动密集型向技术密集型的产业"走出去"对外直接投资，从而减少金融资本账户的顺差。二是实施稳健的货币政策。加强流动性管理，密切监控跨境资本流动，防范"热钱"流入，通过利率等货币杠杆调节货币流动性，控制基础货币的投放，对冲过多的流动性，减少外汇占款增加带来的通胀压力。与积极的财政政策相结合，同时加强储备资产的投资和风险管理，提高过多的外汇储备投资收益，逐渐遏制通胀压力的内部循环，实现内部均衡。三是进行有管理的人民币升值汇率政策。适当放松人民币汇率，完善人民币汇率形成机制，充分利用汇率变化带来的好处，进行有管理的人民币升值。一方面，人民币升值提高了生产成本拉动内需，控制贸易出口，增加进口，从而减少贸易顺差；另一方面，可以刺激我国对外投资，增加资本对外输出量，吸引外资以证券形式的间接投资，从而减少金融资本顺差；同时，能够推动企业引进先进技术，加快技术革新，促进产业结构升级。

# 第十一章　货币政策

## 本章内容摘要

1. 货币政策及其目标

货币政策是中央银行为实现既定的经济目标，运用各种工具调节和控制货币供给量和利率，进而影响宏观经济的方针和措施的总和。货币政策的最终目标包括稳定物价、经济增长、充分就业、国际收支平衡等。我国中央银行货币政策最终目标是保持货币币值稳定并以此促进经济增长。

2. 货币政策工具和传导机制

货币政策工具有一般性政策工具、选择性货币政策工具、直接信用控制、间接信用控制。货币政策传导机制理论主要有早期凯恩斯学派的货币政策传导机制理论、托宾的 q 理论、早期货币学派的货币政策传导机制理论以及其他传导机制理论。

3. 一般性货币政策工具

包括公开市场业务、再贴现率政策和法定准备金率。主要讲述一般性货币政策工具的含义、调控机理、政策工具效果的评价等内容。

4. 货币政策中介指标

货币政策中介指标应具备的条件：可测性、可控性、相关性、抗干扰性、适应性。近期有中介指标包括超额准备金、基础货币等。远期的中介指标包括利率、货币供应量等。同时还介绍货币政策中介指标与货币政策最终目标之间的关系。

5. 货币政策效应

影响货币政策效应的因素主要有货币政策的时滞、货币流通速度、微观主体预期的对消作用、政治和经济等因素的影响、透明度与取信于公众问题。

6. 货币政策与财政政策的配合

财政收支与货币供给；货币政策与财政政策的配合。

7. 开放经济条件下货币政策的国际传导和政策协调

开放经济条件下货币政策的国际传导；国际货币政策协调，国际货币政策协调理论，国际政策协调的层次，在政策协调实践中存在的障碍。

 习　题

一、单选题

1. 在下列货币政策工具中效果最猛烈，而不宜经常使用的货币政策工具是（　　）。

　A. 存款准备金率　　　　　　　　B. 公开市场业务

　C. 再贴现　　　　　　　　　　　D. 直接信用控制

2. 窗口指导是（　　）政策工具。

　A. 直接信用控制　　　　　　　　B. 间接信用控制

　C. 选择性　　　　　　　　　　　D. 一般性

3. 凯恩斯学派认为货币政策传导过程中发挥重要作用的是（　　）。

　A. 利率　　　　　　　　　　　　B. 法定存款准备金

　C. 货币供应量　　　　　　　　　D. 基础货币

4. 间接信用工具是指中央银行凭借其在金融体系中的特殊地位，通过与金融机构磋商等方式，指导金融机构的信用活动，达到信用控制的目的。常见的间接信用工具是（　　）。

　A. 利率最高限额　　　　　　　　B. 预缴进口保证金

　C. 规定商业银行流动性比率　　　D. 窗口指导

5. 中央银行制定货币政策从采取行动到政策对经济过程发生作用所耗费的时间称为（　　）。

A. 内部时滞　　　　B. 外部时滞　　　　C. 认识时滞　　　　D. 决策时滞

6. 托宾 q 理论是货币政策传导机制理论之一，用来解释货币政策通过影响（　　），进而影响投资支出，从而影响国民收入的过程。

A. 商品市场　　　　B. 股票市场　　　　C. 劳动力市场　　　　D. 债券市场

7. 如果要增加市场上的货币供应量，中央银行应该（　　）。

A. 提高法定存款准备金率　　　　　　B. 提高再贴现率

C. 降低再贴现率　　　　　　　　　　D. 卖出债券

8. 下列属于货币政策的中间目标的是（　　）。

A. 基础货币　　　　B. 经济增长　　　　C. 充分就业　　　　D. 物价稳定

9. 以下不属于中央银行货币政策工具的是（　　）。

A. 公开市场业务　　B. 贴现率政策　　C. 法定准备金率　　D. 汇率政策

10. 各国运用得比较多而且十分灵活有效的货币政策工具为（　　）。

A. 法定存款准备金　　　　　　　　　B. 再贴现政策

C. 公开市场业务　　　　　　　　　　D. 窗口指导

11. 下列货币政策操作中，会引起货币供应量增加的是（　　）。

A. 提高法定存款准备金率　　　　　　B. 提高再贴现率

C. 降低再贴现率　　　　　　　　　　D. 中央银行卖出债券

12. 中央银行降低法定存款准备金率时，则商业银行（　　）。

A. 可贷资金量减少　　　　　　　　　B. 可贷资金量增加

C. 可贷资金量不受影响　　　　　　　D. 可贷资金量不确定

13. 一般来说，中央银行提高再贴现率时，商业银行向中央银行请求再贴现的数量可能（　　）。

A. 减少　　　　　　B. 增加　　　　　　C. 不确定　　　　　　D. 不受影响

14. 经济学家凯恩斯认为（　　）会使货币政策无效。

A. 货币幻觉　　　　B. 流动性不足　　　C. 通货膨胀　　　　D. 流动性陷阱

15. 如其他条件不变，中央银行在公开市场上大量卖出有价证券会使货供应量（    ）。

A. 不变　　　　B. 增加　　　　C. 减少　　　　D. 不确定

16. 下面不是货币政策中介目标选择标准的是（    ）。

A. 相关性　　　B. 长期性　　　C. 可测性　　　D. 可控性

17. 如果其他条件不变，中央银行减持外汇储备，则本币货币供应量会（    ）。

A. 不变　　　　B. 增加　　　　C. 减少　　　　D. 上下变动

18. 长期、大量的国际收支顺差可能会导致一国本币货币供应量（    ）。

A. 减少　　　　B. 增加　　　　C. 不确定　　　D. 不受影响

19. 如果一国出现严重的通货膨胀，一般采用的政策是（    ）。

A. 扩张的财政和货币政策

B. 紧缩的财政和货币政策

C. 扩张的财政政策和紧缩的货币政策

D. 紧缩的财政政策和扩张的货币政策

20. 我国中央银行货币政策的最终目标是（    ）。

A. 稳定物价　　　　B. 经济增长　　　　C. 充分就业

D. 保持货币币值稳定并以此促进经济增长

21. 货币政策最终目标之间基本统一的是（    ）。

A. 物价稳定与经济增长　　　　B. 物价稳定与充分就业

C. 经济增长与充分就业　　　　D. 经济增长与国际收支平衡

22. 在以下货币政策工具中，调控货币供应量主动权完全由中央银行掌握的是（    ）。

A. 利率管制　　B. 存款准备金率　　C. 公开市场业务　　D. 再贴现率

23. 中央银行对不动产以外的各种耐用消费品的销售融资予以控制，这种货币政策工具是（    ）。

A. 生产者信用控制　　　　B. 商业信用控制

C. 证券市场信用控制　　　　D. 消费者信用控制

24. 中央银行向商业银行发行中央银行票据，此时央行动用的货币政策工具是（　　）。

A. 利率政策　　　B. 公开市场业务　C. 再贷款　　　　D. 再贴现

25. 中央银行在市场上向商业银行大量卖出证券，从而减少商业银行超额存款准备金，引起货币供应量减少，此时央行动用的货币政策工具是（　　）。

A. 存款准备金率　B. 公开市场业务　C. 再贴现　　　　D. 利率政策

## 二、多选题

1. 央行调控货币供应量的三大法宝有（　　　　　）。

A. 公开市场业务　　　B. 再贴现率　　　　C. 存款利率

D. 法定存款准备金率　E. 汇率

2. 一般而言，中央银行货币政策的最终目标有（　　　　　）。

A. 经济增长　　　　B. 物价稳定　　　　C. 充分就业

D. 国际收支平衡　　E. 金融监管

3. 以下属于货币政策中介目标的选择标准的有（　　　　　）。

A. 可测性　　　　　B. 相关性　　　　　C. 可控性

D. 适应性　　　　　E. 抗干扰性

4. 以下属于货币政策内容的有（　　　　　）。

A. 传导机制　　　　B. 政策工具　　　　C. 中介指标

D. 政策目标　　　　E. 货币政策效果的评定

5. 以下属于货币政策中介指标的有（　　　　　）。

A. 货币乘数　　　　B. 基础货币　　　　C. 货币供应量

D. 超额准备金　　　E. 利率

6. 中央银行投放基础货币的渠道包括（　　　　　）。

A. 对个人贷款　　　B. 对企业贷款　　　C. 收购金及外汇

D. 买入政府债券　　E. 贷款给金融机构

7. 紧缩性的货币政策实施的手段主要包括（　　　　　）。

A. 提高法定存款准备金率　　　　　　B. 降低法定存款准备金率

C. 提高再贴现率　　D. 出售政府债券　　E. 买入政府债券

8. 在货币政策诸目标之间，更多表现为矛盾与冲突的有（　　　　　）。

A. 充分就业与经济增长　　　　　　B. 充分就业与物价稳定

C. 稳定物价与经济增长　　　　　　D. 经济增长与国际收支平衡

E. 物价稳定与国际收支平衡

9. 下列属于"紧"的财政政策的有（　　　　　）。

A. 收缩信贷　　　　B. 增加税收　　　　C. 提高利率

D. 减少财政支出　　E. 增加财政支出

10. 下列属于选择性货币政策工具的有（　　　　　）。

A. 消费信用控制　　B. 证券市场信用控制　　C. 窗口指导

D. 道义劝告　　　　E. 优惠利率

11. 治理通货膨胀可采取紧缩的货币政策，主要手段包括（　　　　　）。

A. 通过公开市场购买政府债券　　　B. 提高再贴现率

C. 通过公开市场出售政府债券　　　D. 提高法定准备金率

E. 降低再贴现率

12. 根据蒙代尔的政策搭配学说，如经济运行中存在国际收支顺差和通货膨胀问题，为使经济恢复均衡而采取的政策组合有（　　　　　）。

A. 扩张性货币政策　　　　　　　　B. 紧缩性货币政策

C. 扩张性财政政策　　　　　　　　D. 紧缩性财政政策

E. 中性财政及货币政策

13. 如果中央银行要减少市场上的货币供应量，则应（　　　　　）。

A. 提高法定存款准备金率　　　　　B. 降低法定存款准备金率

C. 提高再贴现率　　　　　　　　　D. 出售政府债券

E. 回购交易

14. 美国经济学家克鲁格曼提出的三元冲突认为，一个国家的经济政策有（　　　　　）三个基本目标，他用一个三角形来表示其中的关系，如实现三角形任一边的两个目标，另一个目标就无法实现。

A. 国内货币政策的独立性　　　　　　　　B. 汇率的稳定

C. 资本自由流动　　D. 稳定物价　　　　E. 经济增长

## 三、判断题

1. 中央银行货币政策的最终目标有：稳定物价、充分就业、经济发展、国际收支平衡。（　　）

2. 货币学派相机抉择的方法是指，在货币政策目标之间产生矛盾时，通过适当的操作将两目标控制在相对合理水平。（　　）

3. 再贴现率政策的作用主要是影响商业银行的融资成本，从而影响商业银行的可用资金，以达到松紧银根的目的。（　　）

4. 松的财政政策也就是赤字财政政策。（　　）

5. 货币政策时滞是指货币政策从运用到获得主要或全部效果的时间间隔。（　　）

6. 中央银行通过购买或出售债券的公开市场操作可以直接影响基础货币的增减。（　　）

7. 货币当局的再贴现政策对短期市场利率常起导向作用。（　　）

8. 在一般性货币政策工具中，存款准备金是最猛烈的政策工具。（　　）

9. 公开市场业务也就是中央银行在公开的金融市场上经营的业务。（　　）

10. 对于再贴现政策工具的操作，中央银行具有被动性的特点。（　　）

11. 对于公开市场业务的操作，中央银行具有被动性的特点。（　　）

12. 中央银行在公开市场上进行逆回购操作，会增加市场上的货币供应量。（　　）

13. 一般而言，货币政策目标中的稳定物价与经济增长之间呈正相关关系。（　　）

14. 中央银行在公开市场上买进证券，只是等额的投放基础货币，而非等额地投放货币供应量。（　　）

15. 货币政策的内部时滞是指，中央银行从认识到制订实施货币政策的必要性到研究政策措施和采取行动经过的时间。（　　）

16. 选择性的货币政策工具通常可在不影响货币供应总量的条件下，影响银行体系的资金投向和不同贷款的利率。（　　）

17. 我国央行货币政策目标是"保持货币的币值稳定，并以此促进经济增长"，其中经济增长是主要的，应放在首位。 （    ）

18. 中央银行实行紧的货币政策，目的是回笼货币减少市场上的货币供应量。 （    ）

19. 中央银行增加外汇储备，则有可能引起国内的本币货币量增加。

（    ）

20. 财政收支节余对货币供应量有影响，有可能减少市场上的货币供应量。

（    ）

## 四、名词解释

1. 货币政策
2. 公开市场业务
3. 再贴现政策
4. 货币政策传导机制
5. 克鲁格曼三角

## 五、简答题

1. 央行存款准备金政策是如何调控货币供应量的，即其作用机理是什么？
2. 什么是选择性货币政策工具？其有哪些种类？
3. 试述早期凯恩斯学派的货币政策传导机制理论。
4. 影响货币政策效应的因素有哪些？
5. 简述货币政策中介指标选取的条件及种类。
6. 什么是货币政策的时滞？
7. 什么是米德冲突和蒙代尔的政策配合理论？

## 六、论述题

1. 中央银行货币政策的最终目标有哪些？各目标之间的关系怎样？
2. 论述中央银行控制货币供给的三大工具及其作用机理。

3. 在通货膨胀的背景下，试述中央银行如何应用一般性货币政策工具调控货币供应量，并对一般性货币政策工具进行评价。

## 参考答案

### 一、单选题

1. A　2. B　3. A　4. D　5. B　6. B　7. C　8. A　9. D　10. C　11. C　12. B
13. A　14. D　15. C　16. B　17. C　18. B　19. B　20. D　21. C　22. C　23. D
24. B　25. B

### 二、多选题

1. ABD　2. ABCD　3. ABCDE　4. ABCDE　5. BCDE　6. CDE　7. ACD
8. BCDE　9. BD　10. ABE　11. BCD　12. AD　12. ACDE　14. ABC

### 三、判断题

1. √　2. ×　3. √　4. √　5. ×　6. √　7. √　8. √　9. ×　10. √　11. ×
12. √　13. ×　14. √　15. √　16. √　17. ×　18. √　19. √　20. √

### 四、名词解释

1. 货币政策

货币政策是指中央银行为实现既定的经济目标，运用各种工具调节和控制货币供给量和利率等，进而影响宏观经济的方针和措施的总和。它包括货币政策的目标、货币政策的工具、货币政策的传递机制、货币政策的效果等内容。

2. 公开市场业务

公开市场业务是中央银行在金融市场上买进或卖出各种金融资产（有价证券和外汇等）的调控货币供应量的行为。例如，中央银行买进金融资产，则货币供应量增加；中央银行卖出金融资产则货币供应量较少。

### 3. 再贴现政策

再贴现政策是央行通过调高或降低再贴现的利率，来影响商业银行到央行再贴现获得资金的利息成本及资金量的多少，从而影响商业银行用于贷款和投资的货币资金量，以及货币供应量。

### 4. 货币政策传导机制

货币政策的传导机制是指货币管理当局确定货币政策目标后，从选用一定的货币政策工具进行操作到其实现最终目标之间，所经过的各种中间环节相互之间的有机联系及其因果关系的总和。

### 5. 克鲁格曼三角

克鲁格曼三角也称为"三元冲突"。美国经济学家克鲁格曼认为，在开放的经济条件下，一个国家的经济政策有三个基本目标：国内货币政策的独立性、汇率的稳定、资本自由流动。这三个目标不能同时实现。他用一个三角形来表示其中的关系：如实现三角形任一边的两个目标，另一个目标就无法实现。

## 五、简答题

1. 央行存款准备金政策是如何调控货币供应量的，即其作用机理是什么？

**答：** 中央银行通过调高或降低存款准备金率来调控货币供应量。①提高存款准备金率，一方面，可以使商业银行上交的存款准备金存款增加，商业银行可将其用于贷款、投资的货币量相对减少，这样投放到市场的货币供应量减少；另一方面，可以使商业银行的存款乘数减少，派生存款减少，货币供应量减少。②降低存款准备金率，反之则反是。

2. 什么是选择性货币政策工具？其有哪些种类？

**答：** 选择性货币政策工具是有选择地对某些特殊领域的信用（货币供应量）进行调节和影响。其种类主要有：

（1）消费者信用控制。是指中央银行对各种耐用消费品的销售融资予以控制。其主要内容包括：对分期付款方式购买耐用品时的首次付款规定最低比例；规定消费信贷的最长期限；规定可用消费信贷购买的耐用品种类，对不同消费品规定不同的信贷条件。

（2）证券市场的信用控制。是指中央银行对有关证券交易的各种贷款进行限制，目的在于限制对证券市场的信贷数量，稳定证券市场的价格。如规定一定比例的证券保证金比率。

（3）不动产信用控制。是指中央银行对金融机构在房地产放款方面的限制措施，如规定贷款限额，最长期限以及首次付款比例等，目的是抑制房地产投机。

（4）优惠利率。是指中央银行对国家产业政策要求重点发展的经济部门或产业，规定较低的贷款利率，支持其发展。

（5）预缴进口保证金。即中央银行要求进口商预缴相当于进口商品总值一定比例的保证金，以抑制进口的过快增长。该货币政策工具多为国际收支出现赤字的国家采用。

3. 试述早期凯恩斯学派的货币政策传导机制理论。

答：早期凯恩斯学派的货币政策传导机制理论的思路可以归结为：通过货币供给 M 的增减变动影响利率 r，利率的变化通过资本边际效益的影响使投资 I 以乘数方式增减，而投资的增减将影响总支出 E 和总收入，其特点是对利息环节特别重视，用符号可以表示为：$M\uparrow\rightarrow r\downarrow\rightarrow I\uparrow\rightarrow E\uparrow\rightarrow Y\uparrow$（M 为货币供应量，r 为利率，I 为投资，E 为总支出，Y 为总收入）。

4. 影响货币政策效应的因素有哪些？

答：影响货币政策效应的因素包括：①货币政策的时滞；②货币流通速度；③微观主体预期的对消作用；④其他政治、经济因素的影响；⑤透明度与取信于公众问题。

5. 简述货币政策中介指标选取的条件及种类。

答：从货币政策的运用到货币政策目标的实现之间有一个相当长的作用过程。在这个过程中，有必要及时了解货币政策工具是否得力，政策目标能否实现，这就需要借助中介指标来判断。选取的货币政策中介指标应具备以下条件：①可测性；②可控性；③相关性；④抗干扰性；⑤适应性。有近期中介及远期中介指标，近期中介指标主要包括：超额准备金；基础货币。远期中介指标主要包括：利率、货币供应量。

6. 什么是货币政策的时滞？

**答：** 货币政策的时滞是指货币政策从制定到获得主要的或全部的效果所必须经历的一段时间。货币政策的时滞是影响货币政策效应的重要因素，分为内部时滞和外部时滞两个阶段。

（1）内部时滞是从政策制定到货币当局采取行动这段时间。其长短取决于货币当局对经济形势发展的预见能力、制定政策的效率和行动的决心，包括认识时滞、决策时滞和行动时滞。

（2）外部时滞指从货币当局采取行动直到对政策目标产生影响为止这段过程。外部时滞主要由客观经济和金融条件决定，无论货币供应量抑或利率，它们的变动都不会立即影响到政策目标。

7. 什么是米德冲突和蒙代尔的政策配合理论？

**答：** 在开放的经济环境中，宏观经济政策要实现内部均衡（稳定通货）和外部均衡（保持国际收支平衡），以实现经济增长和充分就业。在市场经济条件下，可供选择的政策工具有财政政策、货币政策外、汇率政策。粗略地说，以财政政策、货币政策实现内部均衡，以汇率政策实现外部均衡。汇率政策与汇率制度有紧密的联系。若一国采取固定汇率制度，则汇率工具就无法使用，仅剩下财政政策与货币政策。1951 年，英国经济学家詹姆斯·爱德华·米德发现，在固定汇率制度下，要运用财政政策和货币政策来达到内外部同时均衡，在政策取向上常常存在冲突。这一矛盾在经济学上被称为米德冲突。

20 世纪 60 年代，美国经济学家罗伯特·A. 蒙代尔打破了这种看法，他指出只要适当地搭配使用财政政策和货币政策，就可以同时实现内外部均衡。蒙代尔认为，财政政策与货币政策对国际收支与名义收入有着相对不同的影响。因此，在固定汇率制度下，一国也存在利用两种独立的政策工具来实现内外两方面的经济目标，用财政政策调控通货膨胀和失业，用货币政策调控国际收支。根据蒙代尔的政策配合说，财政政策主要解决国内经济问题，而货币政策主要解决国际经济问题。

## 六、论述题

1. 中央银行货币政策的最终目标有哪些？各目标之间的关系怎样？

**答：**（1）货币政策的最终目标有：①稳定物价。②充分就业。任何愿意工作并有能力工作的人，都能在比较合理的条件下，随时找到适合的工作。③经济增长。实现一国经济增长速度的加快，经济结构的优化与效率的提高。衡量标准如 GNP、GDP 等。④国际收支平衡。国际收支平衡是确保一国的国际收支略有顺差、略有逆差。

（2）货币政策目标之间的关系：①有的在一定程度上具有一致性，如充分就业与经济增长。②有的相对独立，如充分就业与国际收支平衡。③更多表现为目标间的冲突性。

第一，物价稳定与充分就业之间存在矛盾。

第二，物价稳定与经济增长也存在矛盾。要刺激经济增长，信贷和货币发行扩张，物价上涨；为了防止通货膨胀，就要信用收缩，对经济增长产生不利的影响。

第三，物价稳定与国际收支平衡存在矛盾。若其他国家发生通货膨胀，本国物价稳定，则会造成本国输出增加、输入减少，国际收支发生顺差；反之，则出现逆差。

第四，经济增长与国际收支平衡的矛盾。经济增长，对进口商品的需求增加，结果会出现贸易逆差；反之，为消除逆差，平衡国际收支，需要紧缩信用，减少货币供给，从而导致经济增长速度放慢。

2. 论述中央银行控制货币供给的三大工具及其作用机理。

**答：**中央银行通常运用众所周知的三大工具：公开市场业务、贴现率政策和法定准备金率来调控基础货币和乘数，进而间接调控货币供给量。

（1）公开市场业务。又称公开市场操作，是指货币当局在金融市场上出售或购入有价证券（包括央行票据、国库券等）影响基础货币的行为。其作用机理是：当货币当局从市场购入有价证券时，会造成基础货币的增加，从而货币供给量增加。反之，则会导致货币供给量的减少。

公开市场操作的优点为：其一，中央银行能够主动影响商业银行的准备金，从而直接作用于货币供给量；其二，中央银行能够随时根据金融市场的变化进行经常性、连续性的操作；其三，通过公开市场操作，中央银行可以主动出击；其四，由于吞吐的规模和方向可以灵活安排，中央银行有可能用以对货币供给量进行微调，而不会产生震动性影响。

公平市场操作的缺点为：公开市场操作有效地发挥作用，其前提条件是金融市场必须是全国性的，可以用于操作的证券种类必须齐全并达到必需的规模。

（2）贴现率政策。贴现率政策是指货币当局通过变动自己对商业银行所持票据再贴现的再贴现率，来影响贷款的数量和基础货币的政策。现在已经扩展为对商业银行各种信用支持的利率政策。

利率变动影响商业银行贷款数量的机理是：利率提高，商业银行从中央银行借款的成本随之提高，他们会相应减少贷款数量；利率下降意味着商业银行从中央银行的借款成本降低，则会产生鼓励商业银行扩大贷款的作用。利率政策的作用也许主要体现为告示效应，利率提高意味着国家判断市场过热，有紧缩意向；反之，则意味着有扩张意向。

（3）法定准备金率。国家法律规定，商业银行上缴中央银行的资金占全部吸收存款的比率称为法定准备金率。法定准备金率被认为是一个作用强烈的工具。

法定准备金率的作用机理是：当货币当局提高法定准备金率时，商业银行一定比率的超额准备金就会转化为法定准备金，致使商业银行的放款能力降低，货币乘数变小，货币供给量就会相应收缩；降低法定准备金率则会出现相反的调节效果。事实上，不少国家一直没有采用这一政策，而在中国，这一工具经常被使用。

3. 在通货膨胀的背景下，试述中央银行如何应用一般性货币政策工具调控货币供应量，并对一般性货币政策工具进行评价。

**答：**（1）提高存款准备金率。一方面，提高存款准备金率，商业银行上交的存款准备金存款增加，商业银行可用于贷款、投资的货币量相对减少，商业银行投放到市场的货币供应量减少；另一方面，提高存款准备金率，商业银行的存款乘数减少，派生存款减少，货币供应量减少。

评价：①因存款准备金率是通过存款乘数来影响货币供应量的，对货币供给量有极强的影响力，力度大、速度快、效果明显。②由于存款准备金率是威力强大的货币政策工具，不宜经常使用、只能微调，一般对存款准备金率的调整都持谨慎态度。

（2）调高再贴现率。调高再贴现率↑→商业银行请求再贴现应支付的利息成本↑→商业银行会减少再贴现的数量↓→用于贷款和投资的货币资金减少↓→市场上的货币供应量减少↓。

评价：再贴现货币政策工具有以下优点：①作用较为温和。②对市场利率有较为明显的告示作用。调高再贴现率表明判断市场有过热现象，因此有紧缩意图。③对产业结构有调整效应。规定向中央银行申请再贴现的资格，设定一些限制条件，对不同用途的信贷加以支持或限制。再贴现货币政策工具有以下缺点：①缺乏主动性。是否贴现，贴现多少等，主动权由商业银行决定。②利率高低有限度。

（3）公开市场业务操作。央行在金融市场上卖出各种金融资产（有价证券和外汇等）减少货币供应量。

评价：公开市场业务操作具有以下优点：①操作的主动权完全掌握在中央银行手中。②具有很大的灵活性，不会对经济产生过猛烈的冲击。③可进行经常性的、连续性操作，具有较强的伸缩性、可逆转性。公开市场业务操作具有以下缺点：①中央银行必须具有足够干涉和控制整个金融市场的资金实力。②中央银行的操作必须具有弹性操纵权。③需要以发达的证券市场为前提。金融市场必须具有相对的广度和深度。

# 第十二章 金融监管

## 本章内容摘要

1. 金融监管的定义

金融监管是指金融监管当局根据金融法规对各类金融机构及其金融活动实施监督与管理，以保证金融体系的安全稳定，保证公众利益。

2. 金融监管的界说和理论

对银行的监管是金融监管的主要部分，金融监管的原则包括依法管理原则、合理与适度竞争原则、自我约束和外部强制相结合的原则、安全稳定与经济效率相结合的原则，金融监管的理论依据包括社会利益论、金融风险论、投资者利益保护论。

3. 金融监管成本

金融监管的成本大致可以分为显性成本和隐性成本，具体包括执法成本、守法成本、道德风险；金融监管失灵问题，虽然证明管制可以在一定程度上纠正市场缺陷，但政府同样也会面临失灵问题，即政府管制并不能必然实现资源的有效配置。

4. 金融监管体制

金融监管体制是指金融监管的制度安排，包括监管当局对金融机构和金融市场施加影响的机制，以及监督体系的组织结构。金融监管体制根据监管主体的多少可划分为单一监管体制和多头监管体制，中国的监管体制属于集权多头式。

5. 金融监管的国际协调

银行机构的国际化和网络化在金融国际化的过程中居于核心地位。同时，银行同业支付清算系统把所有的银行联系在一起，构成了相互交织的债权债务网。金融国际化对国际金融监管的协调提出了迫切的需要。金融监管的国际协调组织包括巴塞尔委员会、金融稳定理事会、国际证监会组织、国际保险监管官联合会等。

6. 银行监管的国际合作

金融监管首先推动的是对跨国银行的国际监管。在银行国际监管标准的建立过程中，以《巴塞尔协议》规定的银行资本标准最为成功，此后根据监管形式的变化，相继发布了《巴塞尔协议Ⅱ》《巴塞尔协议Ⅲ》。

 习　题

一、单选题

1. 下列不属于中华人民共和国国务院金融稳定发展委员会职责的是（　　）。

A. 审议金融业改革发展重大规划

B. 统筹金融改革发展与监管

C. 指导地方金融改革发展与监管

D. 统一监督管理中国银行业

2. 按照监管思路的不同，世界各国现有金融监管机制不包括（　　）。

A. 机构监管　　B. 功能监管　　C. 垂直监管　　D. 目标监管

3. 不同类型的金融机构（通常指商业银行、证券公司、基金公司、保险公司）的所有业务由不同的监管机构按照不同的标准和体系进行监管。这种模式为（　　）。

A. 机构监管　　　B. 功能监管　　　C. 混业监管　　　D. 目标监管

4. 2023 年 5 月 18 日（　　）正式揭牌，统一负责除证券业之外的金融业监管。

    A. 中央金融委员会               B. 中国银行保险监督管理委员会

    C. 国家金融监督管理总局        D. 中央金融工作委员会

5. 下列不属于近年来我国对重点领域的监管进展的是（     ）。

    A. 对影子银行的监管             B. 对地方金融组织的监管

    C. 对中央金融部门的监管        D. 对金融控股公司的监管

6. （     ）是将金融业作为一个整体进行监管。在这种体制下，监管主体可以对不同类型的金融机构发挥监管职能，全面履行监管的职责，属于功能性监管。英国是其中的典型。

    A. 单一监管体制                B. 综合监管体制

    C. 分业监管体制                D. 中央银行监管体制

7. （     ）是对不同类型的金融机构分别设立不同的专门机构进行监管。

    A. 单一监管体制                B. 综合监管体制

    C. 分业监管体制                D. 中央银行监管体制

8. 中国现行金融监管存在的问题不包括（     ）。

    A. 监管权力过度集中于中央银行，没有下放

    B. 金融机构的内部控制制度和行业自律机制不健全

    C. 缺乏有效的监管协调机制，监管成本较高

    D. 监管的方式和手段较为单一，没有充分利用市场约束机制

9. 我国《商业银行法》规定，商业银行核心资本充足率不得低于（     ）。

    A. 4%         B. 8%         C. 10%         D. 12.5%

10. 1988 年 7 月巴塞尔委员会通过的《关于统一国际银行的资本计算和资本标准的协定》（《巴塞尔协议Ⅰ》）不包括（     ）。

    A. 规定资本充足率            B. 确定了资本的构成

    C. 规定资产的风险权重        D. 规定操作风险内容

11. 2003 年 3 月，我国的金融监管体制进行了一次大的调整。根据第十届全国人民代表大会第一次会议的批准，国务院决定设立（     ）。

    A. 资产管理公司    B. 银监会        C. 证监会         D. 保监会

12. 下面不属于金融监管目标的是（　　　）。

A. 维护金融业的安全和稳定　　　　B. 保护银行业的利益

C. 维护金融业的运作秩序和公平竞争　D. 保护公众利益

## 二、多选题

1. 下列金融机构中，由中国证券监督管理委员会负责监督管理的有（　　　　　）。

A. 保险公司　　　　　B. 证券经营机构　　　　　C. 期货经营机构

D. 信用合作社　　　　E. 证券投资基金管理公司

2. 中国证券业协会接受（　　　　　）的业务指导和监督。

A. 中国证监会　　　　B. 国家金融监督管理总局　C. 中国人民银行

D. 国家社会团体登记管理机关　　　　E. 国家民政部

3. 关于我国监管机构描述正确的有（　　　　　）。

A. 中国人民银行负责监督管理银行间债券市场

B. 证券业协会在所有行业自律组织中成立最早

C. 外汇管理局持有、管理和经营国家外汇储备

D. 消费金融公司由国家金融监管总局

E. 金融资产管理公司由证监会监管

4. 2017 年 11 月 8 日，设立国务院金融稳定发展委员会，其主要职责包括（　　　　　）。

A. 制定金融宏观发展政策

B. 落实党中央、国务院关于金融工作的决策部署

C. 审议金融业改革发展重大规划

D. 统筹金融改革发展与监管

E. 指导地方金融改革发展与监管

5. 从监管客体的角度进行分类，金融监管体制主要有（　　　　　）。

A. 单一监管体制　　　B. 综合监管体制　　　　　C. 分业监管体制

D. 中央银行监管体制　E. 双峰监管体制

6. 2010 年《巴塞尔协议Ⅲ》建立的流动性风险量化监管标准包括（　　　　）。

A. 反周期超额资本　　　B. 资本充足率　　　　　　C. 杠杆率

D. 净稳定融资比率　　　E. 流动性覆盖率

7. 关于巴塞尔协议产生与发展的流程，正确的有（　　　　）。

A. 银行和金融市场国际化、银行风险跨越国界是巴塞尔协议产生的背景

B. 巴塞尔委员会由西方十国集团组织发起

C. 一国系统性重要银行的监管问题是巴塞尔协议产生的直接原因

D. 资本比率较低的银行大规模扩张资产，造成不平等竞争，需要监管协调

E. 巴塞尔委员会发布了一系列由国际清算银行成员方达成的重要协议

8. 金融监管的一般性理论不包括（　　　　）。

A. 公共利益理论　　　　B. 保护债权论　　　　C. 金融风险控制论

D. 市场失灵论　　　　　E. 信息不对称理论

9. 当前，大多数发展中国家，包括中国，仍然实行分业监管体制，主要原因有（　　　　）。

A. 实行分业经营体制　　B. 金融发展水平不高　　C. 金融监管能力不足

D. 实行混业经营体制　　E. 实行政府主导的经济发展模式

10. 金融监管的基本原则包括（　　　　）。

A. 监管主体的独立性原则

B. 依法监管原则

C. "内控"与"外控"相结合的原则

D. 稳健运行与风险预防原则

E. 母国与东道国共同监管原则

11.《巴塞尔协议Ⅱ》的"三大支柱"包括（　　　　）。

A. 最低资本要求　　　　B. 监管当局的监管　　　C. 市场纪律

D. 资本留存缓冲　　　　E. 逆周期资本缓冲

12.《巴塞尔协议Ⅲ》的主要内容包括（　　　　）。

A. 提高资本充足率要求　　　　　　B. 严格资本扣除限制

C. 扩大风险资产覆盖范围　　　　　D. 引入杠杆率

E. 市场纪律

13. 中国的金融监管机构主要包括（　　　　　）。

A. 中国人民银行　　　　　　　　　B. 国家金融监督管理总局

C. 中国证券监督管理委员会　　　　D. 国务院国有资产监督管理委员会

E. 国家外汇管理局

14. 现代金融监管的基本内涵包括（　　　　　）。

A. 宏观审慎管理　　　　　　　　　B. 微观审慎监管

C. 保护消费权益　　　　　　　　　D. 打击金融犯罪

E. 维护市场稳定和处置问题机构

15. 2023 年审议通过的《党和国家机构改革方案》中提出要在中国银行保险监督管理委员会基础上组建国家金融监督管理总局，强化（　　　　　）。

A. 机构监管　　　　B. 行为监管　　　　C. 功能监管

D. 穿透式监管　　　E. 持续监管

16. 2023 年 3 月，中共中央、国务院印发《党和国家机构改革方案》，对金融监管体制进行了改革调整，对此下列说法正确的有（　　　　　）。

A. 组建中央金融委员会，作为党中央决策议事协调机构，加强党中央对金融工作的集中统一领导，负责金融稳定和发展的顶层设计、统筹协调、整体推进、督促落实等

B. 组建中央金融工作委员会，统一领导金融系统党的工作

C. 组建国家金融监督管理总局，强化机构监管、行为监管、功能监管、穿透式监管、持续监管，统筹负责金融消费者权益保护，加强风险管理和防范处置，依法查处违法违规行为

D. 强化中国证券监督管理委员会资本市场监管职责，划入国家发展和改革委员会的企业债券发行审核职责，由中国证券监督管理委员会统一负责公司（企业）债券发行审核工作

E. 统筹推进中国人民银行分支机构改革，撤销中国人民银行大区分行及分行营业管理部、总行直属营业管理部和省会城市中心支行，设立省级分行，继续

保留中国人民银行县（市）支行

17.《巴塞尔协议 Ⅲ》对《巴塞尔协议 Ⅱ》的发展和完善主要体现在（　　　　）。

A. 降低资本充足率　　　　　　B. 重新界定监管资本

C. 强调对资本的计量　　　　　D. 引入杠杆率监管标准

E. 安排充裕的过渡期

## 三、判断题

1. 分业监管体制是对不同类型的金融机构分别设立不同的专门机构进行监管。　　　　　　　　　　　　　　　　　　　　　　　　（　　　）

2. 金融监管体制从监管客体的角度分类分为综合监管体制和分业监管体制。
（　　　）

3. 根据银行的监管主体以及中央银行的角色，分为以中央银行为重心的监管体制和独立于中央银行的综合监管体制。　　　　　　　（　　　）

4. 实行综合监管体制的主要目的是适应金融经营体制从分业转向混业的需要，随着混业经营趋势的发展，实行综合监管体制的国家越来越多。（　　　）

5. 金融监管机构应当采取适当措施帮助消除市场泡沫。（　　　）

6. 金融监管的目的之一是防止垄断，保护竞争，限制大银行发展。

（　　　）

7. 安全稳健是一切金融法规和金融监督管理的中心目的，但不是唯一目的。

（　　　）

8.《巴塞尔协议》要求签约国银行的核心资本对其加权风险资产的比率不得小于8%。　　　　　　　　　　　　　　　　　　　　　（　　　）

9. 避免金融机构之间的不正当竞争，规范和矫正金融行为，金融行业内自律监管十分重要。　　　　　　　　　　　　　　　　　　（　　　）

10. 国家金融监督管理总局是在中国银行保险监督管理委员会基础上组建的国务院直属机构。　　　　　　　　　　　　　　　　　　（　　　）

## 四、名词解释

1. 综合监管体制

2. 分业监管体制

3. 资本充足率

4. 金融监管

5. 金融风险

6. 信用风险

7. 流动性风险

8. 存款保险制度

9. 金融监管体制

10. 金融监管成本

## 五、简答题

1. 简述金融监管的基本原则。

2. 简述金融监管的主要内容。

3. 简述 1988 年版《巴塞尔协议》的主要内容。

4. 简述国家金融监督管理总局的主要职责。

5. 简述制约金融监管效果的客观因素。

6. 金融风险包括哪些类型？

7. 简述金融监管的发展趋势。

8. 简述《巴塞尔协议 II》的三大支柱。

9. 中共中央、国务院 2023 年 3 月印发的《党和国家机构改革方案》中对我国金融监管体制进行了哪些改革调整？

## 六、论述题

1. 论述《巴塞尔协议 III》的主要内容。其对西方商业银行的影响与对我国商业银行的影响有何不同？

2. 论述国家金融监督管理总局成立的意义。

3. 试析金融监管理论依据的"金融风险论"。

4. "太大而不能倒"是指什么？它对金融监管的影响是什么？

5. 试论述现代金融监管体制的发展趋势。

## 参考答案

### 一、单选题

1. D  2. C  3. A  4. C  5. C  6. B  7. C  8. A  9. A  10. D  11. B  12. B

### 二、多选题

1. BCE  2. AE  3. AD  4. BCDE  5. BC  6. DE  7. ADE  8. DE  9. ABC
10. ABCDE  11. ABC  12. ABCD  13. ABCDE  14. ABCDE  15. ABCDE
16. ABCD  17. BCDE

### 三、判断题

1. √  2. √  3. √  4. √  5. √  6. ×  7. √  8. ×  9. √  10. √

### 四、名词解释

1. 综合监管体制

综合监管体制是将金融业作为一个整体进行监管。在这种体制下，监管主体可以对不同类型的金融机构发挥监管职能，全面履行监管的职责，属于功能性监管。英国是综合监管体制的典型。

2. 分业监管体制

分业监管体制是对不同类型的金融机构分别设立不同的专门机构进行监管。

3. 资本充足率

资本充足率是指资本总额与加权风险资产总额的比例。资本充足率反映商业银行在存款人和债权人的资产遭到损失之前，该银行能以自有资本承担损失的程度，规定该项指标的目的在于抑制风险资产的过度膨胀，保护存款人和其他债权人的利益，保证银行等金融机构正常运营和发展。《巴塞尔协议》规定，两部分之间应维持一定比例，即核心资本应占银行全部资本的50%以上。另外，《巴塞尔协议》还规定银行的资本充足率应保持在8%以上；核心资本与银行风险资产的比率，即核心资本充足率应保持在4%以上。

4. 金融监管

金融监管是指金融监管当局根据金融法规对各类金融机构及其金融活动实施监督与管理，以保证金融体系的安全稳定，保证公众利益。

5. 金融风险

金融风险是指金融机构在经营过程中，由于决策失误、客观情况变化或其他原因使资金、财产、声誉受到损失的可能性。

6. 信用风险

信用风险是指交易对手不愿或不能履行合同而造成的风险。

7. 流动性风险

流动性风险是指金融机构无力为负债的减少或资产的增加提供融资，即当流动性不足时，它无法以合理的成本迅速获得足够的现金，从而影响其支付能力。

8. 存款保险制度

存款保险制度是指国家通过建立存款保险机构对银行存款进行保险，以免在银行破产时存款人遭受损失的制度。这一制度的基本功能，一是保护存款人利益；二是维持信用秩序，促进金融体系稳定。

9. 金融监管体制

金融监管体制是指金融监管的制度安排，包括金融监管当局对金融机构和金融市场施加影响的机制以及监管体系的组织结构。

10. 金融监管成本

金融监管成本是指金融监管带来的直接物质损耗和间接效率损失，分为直接成本与间接成本。

## 五、简答题

1. 简述金融监管的基本原则。

**答**：金融监管的原则包括：①依法管理原则；②合理、适度竞争原则——监管重心应放在保护、维持、培育、创造一个公平、高效、适度、有序的竞争环境上；③自我约束和外部强制相结合的原则；④安全稳定与经济效率相结合的原则。

2. 简述金融监管的主要内容。

**答**：金融监管是金融监督和金融管理的复合词。狭义的金融监管是指金融主管当局依据国家法律法规的授权对金融业（包括金融机构以及它们在金融市场上的业务活动）实施监督、约束、管制，使它们依法稳健运行的行为总称。广义的金融监管除金融主管当局的监管之外，还包括金融机构的内部控制与稽核、行业自律性组织的监督以及社会中介组织的监督等。

通常来说，一国的金融监管涉及金融的各个领域：①对存款货币银行的监管；②对非存款货币银行金融机构的监管；③对短期货币市场的监管；④对资本市场和证券业以及各类投资基金的监管；⑤对外汇市场的监管；⑥对衍生金融工具市场的监管；⑦对保险业的监管等。

3. 简述 1988 年版《巴塞尔协议》的主要内容。

**答**：该协议主要针对信用风险，对银行的资本比率、资本结构、各类资产的风险权数等方面作了统一规定。该协议的主要内容为：①资本的组成。协议将银行资本分为核心资本和附属资本两部分。该协议规定核心资本应占整个资本的 50% 以上，附属资本不应超过资本总额的 50%。②风险加权制。该协议对不同资产分别给予 0、20%、50%、100% 的风险权数。③设计目标标准比率。该协议确立了到 1992 年底，从事国际业务的银行资本与加权风险资产的比例必须达到 8%（其中核心资本不低于 4%）的目标。④过渡期及实施安排。委员会作出一些过渡安排，以保证个别银行在过渡期内提高资本充足率，并按期达到最终目标标准。1988 年的《巴塞尔协议》主要建立在银行资本规定及其与资产风险的联系两大支柱之上。它特别强调对于资产风险的防范，而银行资本与风险资产之间的联系在于银行资本能够吸收与消化因银行客户违约而产生的损失。

4. 简述国家金融监督管理总局的主要职责。

**答**：国家金融监督管理总局作为国务院直属机构统一负责除证券业之外的金融业监管，强化机构监管、行为监管、功能监管、穿透式监管、持续监管，统筹负责金融消费者权益保护，加强风险管理和防范处置，依法查处违法违规行为。国家金融监督管理总局在中国银行保险监督管理委员会的基础上组建，将中国人民银行对金融控股公司等金融集团的日常监管职责、有关金融消费者保护职责、中国证券监督管理委员会的投资者保护职责划入国家金融监督管理总局。

5. 简述制约金融监管效果的客观因素。

**答**：制约金融监管效果的客观因素包括：①监管者对客观规律的认识具有局限性；②监管者面临信息的不完备——被监管者对自己所经营的业务拥有完整的信息，而监管者除了可以获得一些法律所要求披露的信息之外，并不能准确、及时、全面地掌握被监管者的信息；③监管当局对是否采取措施和采取何种措施，以及从采取措施到产生效果，都可能产生监管时滞。

6. 金融风险包括哪些类型？

**答**：金融风险指的是与金融有关的风险。金融风险的种类很多，按其来源可分为流动性风险、信用风险、市场风险和操作风险。

（1）流动性风险。流动性含有两个意思：①资金的流动性，主要用来描述金融机构满足资金流动需要的能力。②市场流动性，主要指金融资产在市场上的变现能力，也就是金融资产与现金之间转换的难易程度。

（2）信用风险。信用风险又称为违约风险，是指证券发行人因倒闭或其他原因不能履约而给投资者带来的风险。

（3）市场风险。市场风险又被称作"金融资产价格风险"，是指由于金融市场变量变化或波动而引起的资产组合未来收益的不确定性。市场风险主要由证券价格、利率、汇率等市场风险因子变化而引起的，是各个经济主体所面临的最主要的基础性风险。①证券价格风险是指证券价格的变化不确定性而导致的行为主体未来收益变化的不确定性。②利率风险是指源于市场利率水平的变动而对证券资产的价值带来的风险。一般来说，利率的上升会导致证券价格的下降，利率的下降会导致证券价格的上升。在利率水平变动幅度相同的情况下，长期证券受到的影响比短期证券的更大。③货币风险又称为外汇风险，是指源于汇率变动而带来的风险。汇率风险又可细分为交易风险和折算风险，前者指因汇率变动而影响日常交易的收入，后者指因汇率的变动而影响资产负债表中资产的价值和负债的成本。④购买力风险又叫"通货膨胀风险"，是指由于一般物价水平变动而导致行为主体变化的不确定性。

（4）操作风险。操作风险是指源于日常操作和工作流程失误而带来的风险。随着证券交易对电子技术的依赖程度的不断加深，操作风险变得越来越复杂。

7. 简述金融监管的发展趋势。

**答**：金融监管的主要发展趋势可以概括为：

（1）监管理念方面，发生重心转移。注重加强监管者与被监管者之间的合作，变"猫鼠对立关系"为"脑与四肢的协同关系"。监管者激励良好的金融操作，使金融机构的管理层感到金融监管在协助自己朝监管目标靠拢。

（2）监管机制方面，走向多元化。突出地表现为国家专门监管机制、银行内控机制及自律机制的齐头并举。多元化监管机制实现的关键在于引入市场约束，强化金融机构的信息披露，便于存款客户、投保者、股东等多方市场主体及时掌握金融机构的风险状况。

（3）监管模式方面，向功能型监管转变。所谓功能型监管，是指在一个统一的监督机构内，由专业分工的管理专家和相应的管理程序对金融机构的不同业务进行监管。其优点主要是能有效地解决混业经营条件下金融创新产品的监管归属问题，避免监管真空和多重监管现象；强调要实施跨产品、跨机构、跨市场的监管，主张设立一个统一的监管机构来对金融业实施整体监管、监管体制和监管规则更具连续性和一致性，能更好地适应金融业在今后发展中可能出现的各种新情况。

（4）监管技术方面，出现了一种激励相容的新方案。主要内容是：监管当局设定一个测试期，银行在测试期初向监管当局承诺其资本水平，为该期间内可能出现的损失做准备。在整个期间内，只要累积损失超过承诺水平，监管当局就对其进行惩罚，如交纳额外资本费给中央银行。监管当局的任务只是制订恰当的处罚方案，而不必关心银行的风险管理模型是否准确可靠，其资本金是否充分。预先承诺法的实行，标志着金融监管当局开始注重建立适当的激励相容的制度安排，这样即使被监管者出于自身利益的考虑，也能保证做到严格自律。

（5）监管范围方面，有所扩大。各国监管当局也相应扩大金融监管的范围，从单纯的表内业务，扩展到包括表外业务在内的所有业务；同时，由于银行附属公司从事的准银行业务并不在金融监管的范围内，金融监管机构不仅需要通过统一的监管标准和方法来弥补，还需要通过并表监督来加强监管。

8. 简述《巴塞尔协议Ⅱ》的三大支柱。

**答**：新资本协议由三大支柱组成：一是最低资本要求；二是监管当局对资本充足率的监督检查；三是信息披露。并试图通过三大支柱的建设，来强化商业银行的风险管理。

（1）最低资本充足率要求仍然是新资本协议的重点，该部分涉及与信用风险、市场风险，以及操作风险有关的最低总资本要求的计算问题。最低资本要求由三个基本要素构成：受规章限制的资本定义、风险加权资产，以及资本对风险加权资产的最小比率。其中，关于资本定义和8%的最低资本比率没有变化；对于风险加权资产计算，进一步考虑了市场风险和操作风险。总的风险加权资产等于由信用风险计算出来的风险加权资产，再加上根据市场风险和操作风险计算出来的风险加权资产。对于信用风险，巴塞尔委员会允许银行在计算信用风险的资本要求时，在下述两种方法中任选一种：第一种是将现有方法进行适当修改，并将其作为大多数银行计算信用风险资本要求的标准方法；第二种是内部评级方法，主要适用于那些业务复杂程度较高的银行，但银行采用其内部评级系统的前提，是必须征得银行监管当局的明确同意。对于市场风险，该协议特别规定了明确的资本标准；并突出强调了利率风险，认为那些利率风险大大高于平均水平的银行，应考虑到利率风险难以量化的特征，需相应提高其资本数量。对于操作风险，《巴塞尔协议Ⅱ》规定了基本指标法、标准法和高级计量法三种可选方法。

（2）监管部门的监督检查能确保各银行建立起合理有效的内部评估程序，从而判断其面临的风险状况，并评估其资本充足情况。

（3）市场约束的核心是信息披露，市场约束的有效性，直接取决于信息披露制度的健全程度。新协议指出，市场纪律具有强化资本监管、提高金融体系安全性和稳定性的潜在作用，并在市场纪律的应用范围、资本构成、风险披露的评估和管理过程以及资本充足率四个方面提出了定性和定量的信息披露要求。

9. 中共中央、国务院 2023 年 3 月印发的《党和国家机构改革方案》中对我国金融监管体制进行了哪些改革调整？

**答：**（1）组建中央金融委员会。作为党中央决策议事协调机构，加强党中央对金融工作的集中统一领导，负责金融稳定和发展的顶层设计、统筹协调、整体推进、督促落实，研究审议金融领域重大政策、重大问题等。不再保留国务院金融稳定发展委员会及其办事机构。

（2）组建中央金融工作委员会。统一领导金融系统党的工作，指导金融系统党的政治建设、思想建设、组织建设、作风建设、纪律建设等。

（3）组建国家金融监督管理总局。统一负责除证券业之外的金融业监管，强化机构监管、行为监管、功能监管、穿透式监管、持续监管，统筹负责金融消费者权益保护，加强风险管理和防范处置，依法查处违法违规行为。国家金融监督管理总局在中国银行保险监督管理委员会的基础上组建，将中国人民银行对金融控股公司等金融集团的日常监管职责、有关金融消费者保护职责、中国证券监督管理委员会的投资者保护职责划入国家金融监督管理总局。不再保留中国银行保险监督管理委员会。

（4）深化地方金融监管体制改革。建立以中央金融管理部门地方派出机构为主的地方金融监管体制，统筹优化中央金融管理部门地方派出机构设置和力量配备。地方政府设立的金融监管机构专司监管职责，不再加挂金融工作局、金融办公室等牌子。

（5）强化中国证券监督管理委员会资本市场监管职责。划入国家发展和改革委员会的企业债券发行审核职责，由中国证券监督管理委员会统一负责公司（企业）债券发行审核工作。

（6）统筹推进中国人民银行分支机构改革。撤销中国人民银行大区分行及分行营业管理部、总行直属营业管理部和省会城市中心支行，在 31 个省（自治区、直辖市）设立省级分行，在深圳、大连、宁波、青岛、厦门设立计划单列市分行。不再保留中国人民银行县（市）支行，相关职能上收至中国人民银行地（市）中心支行。

（7）完善国有金融资本管理体制。按照国有金融资本出资人相关管理规定，将中央金融管理部门管理的市场经营类机构剥离，相关国有金融资产划入国有金融资本受托管理机构，由其根据国务院授权统一履行出资人职责。

## 六、论述题

1. 论述《巴塞尔协议Ⅲ》的主要内容。其对西方商业银行的影响与对我国商业银行的影响有何不同？

**答**：《巴塞尔协议Ⅲ》的主要内容包括三个方面：①明确了三个最低资本充足率要求，分别是普通股（含留存收益）最低要求为 4.5%，一级资本最低要求为 6%，总资本最低要求为 8%。②明确了两个超额资本要求：一个是资本留存超额资本要求，水平为 2.5%，设立资本留存超额资本要求是为了确保银行具有充足的资本用于吸收经济压力时期的损失，并规定银行必须用普通股来满足资本留存超额资本要求；另一个是反周期超额资本要求，水平为 0~2.5%，只有当出现系统性贷款高速增长的情况下，商业银行才需计提反周期超额资本，大多数时期反周期超额资本为 0。③明确过渡期安排。为了防止过快实施更高的资本标准影响全球经济的复苏，巴塞尔银行监督管理委员会要求，自 2019 年开始正常条件下商业银行的普通股（含留存收益）充足率、一级资本充足率和总资本充足率最低应分别达到 7%、8.5% 和 10.5%。

由于各国银行盈利模式及债务水平的差异，新规对全球银行的影响程度也有所差别。以欧洲和美国为代表的西方国家银行为例，《巴塞尔协议Ⅲ》对西方商业银行和我国商业银行的影响：

（1）对欧洲银行的影响。首先，欧洲银行普遍存在着资本充足率紧张的局面，需要募集资本，因欧洲银行大多是混业经营，《巴塞尔协议Ⅲ》对商业银行提出了更高的资本要求；其次，对受债务危机影响的国家来说，要满足更高的资本金要求，无论是从资本市场融资，还是用国家财政增资，当前情况都难以行得通。

（2）对美国银行的影响。《巴塞尔协议Ⅲ》对美国银行的影响不大。首先，自全球金融危机爆发以来，美国各银行已经筹集了大量的新资本，主要商业银行基本已经达到《巴塞尔协议Ⅲ》的要求；其次，美国大型银行当前的一级普通股权益资本比率的平均值已经达到甚至超过协议所要求的比例。

（3）对我国商业银行的影响。《巴塞尔协议Ⅲ》对我国商业银行的影响甚微。第一，由于我国商业银行资本结构相对西方商业银行要简单，同时批发性融资比例低，所以《巴塞尔协议Ⅲ》对我国商业银行市值影响小；第二，目前我国国家金融监督管理总局对资本充足率的要求已经高于此次新规的要求；第三，我国商业银行已达到巴塞尔监管标准；第四，对我国商业银行可能有影响的是新规中逆周期的2.5%充足率缓冲要求，此外，如果推行2.5%反周期缓冲，对于银行利润分配也会有所限制，未来银行分红率将有所下降，而再融资的时间会明显缩短；第五，中资银行的海外拓展也可能面临新的障碍；第六，从长期来看，资本补充、风险的覆盖，反周期资本的提取，以及对于重要金融机构附加值计提，银行面临较大的压力。

2. 论述国家金融监督管理总局成立的意义。

**答**：国家金融监督管理总局成立的意义在于：

（1）提高金融监管效率。由金融监督管理总局统一负责除证券业之外的金融业监管工作，能够有效避免中央和地方、多个部门之间多重监管或监管缺失问题，监管范围覆盖整个金融领域，分工更为合理，将大大提高金融监管效率。

（2）增强金融监管权威性。设立国家金融监督管理总局并明确其职责划分、将企业债发行审核工作划入证监会、明确以中央金融管理部门地方派出机构为主的地方金融监管体制等举措，优化地方金融监管能力与监管效率。

（3）突出金融监管专业性。例如，将中国人民银行、证监会的投资者保护职能划归国家金融监督管理总局，以及让地方政府设立的金融监管机构专司监管、不加挂金融办或金融工作局牌子，都将有助于提升金融监管专业水平。

3. 试析金融监管理论依据的"金融风险论"。

**答**：金融风险论主要从关注金融风险的角度，论述了对金融业实施监管的必要性。

（1）金融业是一个特殊的高风险行业。与一般企业不同，金融业高负债率的特点，决定了金融业的资金主要来源于外部。以银行业为例，其资本只占很小的比例，大量的资产业务都要靠负债来支撑，并通过资产负债的匹配来达到盈利的目的。在其经营过程中，利率、汇率、负债（主要是存款）结构和规模、借款人偿债能力等因素的变化，使银行业时刻面临着利率风险、汇率风险、流动性风险和信用风险，成为风险集聚的中心。而且，金融机构为获取更高收益而盲目扩张资产的冲动，更加剧了金融业的高风险和内在不稳定性。以银行为例，当社会公众对其失去信任而挤提存款时，银行就会发生支付危机甚至破产。

（2）金融业具有发生支付危机的连锁效应。在市场经济条件下，各种金融工具的存在，都是以信用为纽带；社会各阶层以及国民经济的各个部门，都通过债权债务关系紧密联系在一起。因而，作为整个国民经济中枢的金融体系，其中任一环节出问题，都会引起牵一发而动全身的后果。单个金融机构陷入某种危机，极易给整个金融体系造成连锁反应，进而引发普遍的金融危机，进一步，由于现代信用制度的发达，一国的金融危机还会影响到其他国家，并可能引发区域性甚至世界性的金融动荡。

（3）金融体系的风险，直接影响着货币制度和宏观经济的稳定。信用货币制度的确立，在货币发展史上具有极其重要的意义，它极大地降低了市场交易的成本，提高了经济运行的效率。但与此同时，一方面，实体经济对货币供给的约束作用也越来越弱；货币供给超过实体经济需要而引发的通货膨胀一直对许多国家形成威胁。另一方面，存款货币机构的连锁倒闭又会使货币量急剧减少，引发通货紧缩，并将经济拖入萧条的境地。金融风险的内在特性，决定了必须有一个权威机构对金融业实施适当的监管，以确保整个金融体系的安全与稳定。

4. "太大而不能倒"是指什么？它对金融监管的影响是什么？

**答：**"太大而不能倒"简称"大而不倒"，是指金融机构因规模、可替代性与系统关联性等因素具有系统重要性而不能任其倒闭，否则会引发系统性风险。大型金融机构由于规模大，所占市场份额大，囊括的金融服务种类多，如果其无序倒闭将对整个金融体系造成恶劣影响，容易引发系统性风险。所谓系统性风险，是指由金融体系整体或部分损害引起的，对实体经济具有潜在的严重消极影响的金融服务扰乱的风险。因此，当大型金融机构濒临倒闭时，各国政府出于防范系统性风险、维护金融体系稳定的考虑，大都采用中央银行再贷款或直接的财务救助等干预措施，对其加以特殊保护，从而形成"大而不倒"的现象。

"大而不倒"对监管的影响分为两个方面：①益处是有利于维护金融体系的稳定，对于整个经济体系的平稳运行起到了至关重要的作用；②其弊端主要是增加了金融机构的道德风险，而且如何判定一个金融机构是否在"大而不倒"的范围，并没有明确的标准。因此，对于某个已陷入绝境的金融机构是救或是不救，完全依赖于各国当局的自行判断。

5. 试论述现代金融监管体制的发展趋势。

**答：**现代国际金融监管体制的发展趋势是分业监管向混业监管转变；机构性监管向功能性监管转变；各国金融监管模式日益趋同；金融监管的国际合作不断加强。美、英、日等国的金融监管体制改革体现了这种趋势。具体阐述如下：

20 世纪 80 年代以来的金融国际化趋势，使各国金融市场之间的联系和依赖性不断增强，各种金融风险在国家之间的相互转移和扩散在所难免，严重威胁着各国的金融稳定。金融国际化要求实现金融监管国际化，如果各国金融监管松紧不一，不仅会削弱各国监管措施的效应，而且还会导致国际资金大规模的投机性转移，影响国际金融稳定。因此，西方国家致力于金融监管的国际合作。一些主要的西方发达国家的金融监管体制改革趋势如下：①20 世纪 30 年代大萧条后，美国建立了分业经营和分业监管的体制。1999 年，美国金融经营体制正式从分业经营走向混业经营，但其分业监管体制并未发生变化，监管模式则转变为伞式监管与功能监管结合的模式。在该模式下，金融控股公司既要接受联邦储备委员会的综合监管，又要接受不同行业主要功能监管人的监管；伞式监管人和功能监管人相互协调、共同合作完成金融监管任务。②英国历史上金融监管主要依靠金融机构的自我约束，采取非正式监管形式，以"道德劝说""君子协议"等方式进行，直到 1979 年英国的银行监管才走向法制化的道路，在这之前英国的金融监管采取分业监管体制。20 世纪 70 年代之后，英国政府放松对金融业的管制，金融业出现混业经营的局面，英国开始注重对金融业的全面监管。1997 年成立了英国金融服务监管局，由此开始正式实行集中统一的混业监管模式。③日本金融监管体制随着金融经营体制的变化而变化，20 世纪 80 年代后期，日本由分业经营转为综合经营，其金融监管体制也转变为混业监管。1998 年以来，日本金融监管体制进行了一系列以财政和金融相分离为核心的重大改革，形成了以金融厅为最高监管权力机构的新的统一监管体制。